Wolfgang Opel

NOVA SCOTIA

Kanada

50 TIPPS ABSEITS der ausgetretenen PFADE

360° medien

IMPRESSUM
Kanada – Nova Scotia
50 Tipps abseits der ausgetretenen Pfade
Wolfgang Opel

Nachtigallenweg 1 I 40822 Mettmann
info@360grad-medien.de | 360grad-medien.de

Redaktion und Lektorat: Christine Walter

Satz und Layout: Marc Alberti

Gedruckt und gebunden:
Schleunungdruck GmbH I Eltertstraße 27 I 97828 Marktheidenfeld
schleunung.com

Bildnachweis: siehe Seite 256
Sicherheitshinweis: siehe Seite 256

ISBN: 978-3-96855-373-3
Hergestellt in Deutschland

360grad-medien.de

Wolfgang Opel

NOVA SCOTIA

Kanada

50 TIPPS ABSEITS der ausgetretenen PFADE

360° medien

Vorwort

Nova Scotia: Kanadas Tummelplatz am Meer

Nicht immer ist ein Werbespruch der Tourismusindustrie so zutreffend wie der für Nova Scotia. Seit Jahrzehnten steht er auf jedem Auto-Nummernschild: Canada's Ocean Playground – und das nicht ohne Grund, denn kein Ort ist in Nova Scotia weiter als 70 Kilometer vom Meer entfernt!

Der Atlantik ist hier allgegenwärtig. Man sieht ihn, man hört ihn und man riecht ihn, sobald man sich ihm nähert. Selbst etwas weiter im Inland kann man aufgebockte Fischerboote sehen, die auf ihren Einsatz warten. Briefkästen in Form eines Wals recken ihre Mäuler dem Postboten entgegen und ausgediente Lobsterkäfige zieren Terrassen und Vorgärten. Und trotzdem gibt es im Inland tiefe Wälder mit hunderten kleineren und größeren Seen und im Nordosten sogar höhere Berge. Seit Jahrtausenden wird die Halbinsel im Osten Kanadas von den Mi'kmaq bewohnt, die früher ihre Wohnplätze je nach Jahreszeit zwischen den Stränden und Buchten am Meer und den Seen in den geschützten Wäldern wechselten und dabei die Flüsse und Seen als Wasserstraßen benutzten, so wie wir heute die Highways und Straßen.

Vor über 400 Jahren kamen die ersten Europäer nach Nova Scotia und veränderten das Land entscheidend, allerdings nicht immer zum Besseren. Heute ist Nova Scotia die vielleicht europäischste Provinz Kanadas, was eine der Ursachen für die Zunahme des Tourismus auch aus den deutschsprachigen Ländern sein mag. Lange, breite Strände und kleine Fischerdörfer erinnern besonders im Osten und Süden Nova Scotias an Ost- und Nordsee-Landschaften. Der Westen der Provinz zieht mit den welthöchsten Gezeiten die Besucher an.

Die Touristenwerbung konzentriert sich oft auf die sogenannten Highlights wie die Waterfront von Halifax, Peggy's Cove, Lunenburg und den Cape Breton National Park – dabei bietet Nova Scotia viele weitere schöne und attraktive Ziele, die sich zu entdecken lohnen. Auch nach 20 Jahren und teilweise wochenlangen Reisen in Kanada, besonders in Nova Scotia und den anderen maritimen Provinzen, entdecke ich immer wieder neue und für mich unbekannte und unerwartete „Schätze".

Einige davon stelle ich hier vor. Die meisten liegen „abseits der ausgetretenen Pfade“, andere gleich neben den Hauptzielen der meisten Touristen.

Diese 50 Ziele ergeben eine mögliche Reise in Uhrzeigerrichtung um Nova Scotia mit dem Start- und Zielpunkt Halifax. Letztendlich kann sich natürlich jeder Leser seine Route gemäß den eigenen Interessen und zeitlichen Plänen zusammenstellen. Im Bereich der Bay of Fundy und des Minas Basin mit ihren gewaltigen Gezeitenunterschieden sollte bei der Planung unbedingt eine Gezeitentabelle konsultiert werden, um die besten und nachhaltigsten Erlebnisse und Erinnerungen mit nach Hause nehmen zu können. Die Gezeitentabellen sind in den Touristeninformationen oder im Internet, hier am Beispiel für Halifax, zu finden: *tides.gc.ca/eng/station?sid=490* bzw. über die interaktive Karte auf *tides.gc.ca/en/stations*, in die man zum jeweiligen Ziel hineinzoomt und über „View Station Data“ die Daten für die Planung abruft.

Die angegebenen Öffnungszeiten und Gebühren entsprechen dem Stand vom Februar 2026, mögliche Änderungen kann man dem Internet entnehmen.

In dieses Büchlein sind auch Tipps und Anregungen von Freunden und Bekannten eingeflossen. Stellvertretend sei hier Emanuel, Kerol, Beth, Herb und Annette gedankt. Gewidmet ist es mit herzlichem Dank meiner Begleiterin auf allen unseren Reisen um die Welt und besonders nach Nova Scotia!

Ich wünsche allen Interessierten viel Spaß, tolle Erlebnisse und neue Erkenntnisse bei der Reisevor- und -nachbereitung, und besonders natürlich abseits der ausgetretenen Pfade!

Wolfgang Opel

Inhaltsverzeichnis

Cape Breton

TOP 10

DER SEHENSWÜRDIGKEITEN IN NOVA SCOTIA

1 **Das Maritime Museum of the Atlantic in Halifax:** In Nova Scotia ist man nie mehr als 70 Kilometer vom Meer entfernt. Daraus erklärt sich die Bedeutung alles Maritimen für die Bewohner der zweitkleinsten Provinz Kanadas. Nirgendwo kann man sich besser damit vertraut machen als im Maritime Museum of the Atlantic an der Waterfront inmitten von Halifax. Höhepunkte sind die Ausstellungen über den Untergang der Titanic (1912) und die Halifax Explosion (1917). Es gibt aber auch viel über die ruhmreiche Zeit der Segelschifffahrt und über die zahllosen Schiffwracks entlang der Küsten zu erfahren. *maritimemuseum.novascotia.ca*

2 **Uniacke Estate, ein kolonialer Herrensitz in der Nähe von Halifax:** Dieses sehenswerte Landhaus aus dem frühen 19. Jahrhundert mit einem schönen weitläufigen Park an einem See liegt nur 45 Autominuten von Halifax entfernt. Ein Ausflug dorthin ist eine lohnende Ablenkung vom Touristentrubel in Downtown Halifax und besonders für Familien mit „stadtmüden" Kindern zu empfehlen. *uniacke.novascotia.ca;* *siehe Tipp 5*

3 **Polly Cove:** Die kurze Wanderung nach Polly Cove gehört noch immer zu den wirklichen Geheimtipps an Nova Scotias Südküste. Unweit des oft überlaufenden Peggy's Cove ist man hier meist für sich allein. Polly Cove ist von großartigen hellen Granitfelsen umgeben zwischen denen sich niedrig wachsende Fichten, Erlen, Tannen und verschiedene Sträucher ducken, wie man sie sonst nur in nördlicheren Regionen findet. *Siehe Tipp 7*

4 **Blue Rocks und Stonehurst:** Es lohnt sich, ein Stück über Lunenburg hinaus an die Küste zu fahren. Die beiden abgelegenen Fischerdörfer vermitteln einen Eindruck davon, wie es früher an dieser Küste ausgesehen hat, als viele Familien ihren Lebensunterhalt durch Fischfang in den Buchten am Atlantik verdienten. In Blue Rocks kann man sogar Kajaks ausleihen und geführte Touren durch die Inselwelt unternehmen. Schöne Fotomotive sind garantiert. *Siehe Tipp 10*

5 **Die Mi'kmaq First Nation und der Kejimkujik National Park:** Schon Tausende Jahre vor der Ankunft der Europäer war Nova Scotia von den Mi'kmaq besiedelt. Sie lebten halbnomadisch je nach Jahreszeit an der Küste oder im Inland, auch im Gebiet des heutigen Nationalparks. Der Park lädt zu vielseitigen Entdeckungen auf eigene Faust ein, doch um die Petroglyphenstätte der Mi'kmaq zu besuchen, muss man sich einer geführten Tour anschließen, denn die Steinritzungen befinden sich in einem nichtöffentlichen Teil des Nationalparks. *parks.canada.ca/pn-np/ns/kejimkujik/activ/decouverte-tours/culture; siehe Tipp 18*

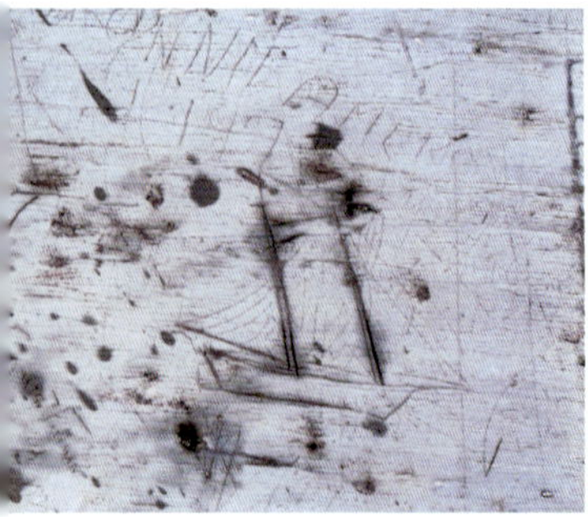

6 **Walbeobachtung auf Brier Island:** Brier Island ganz im Westen von Nova Scotia bietet die beste Möglichkeit, Wale zu beobachten. Die kleine Insel an der Bay of Fundy liegt nahe einer Schelfkante zwischen tieferem Wasser des Atlantiks und dem flacheren Wasser der ausgedehnten Bucht. Die enormen Gezeitenunterschiede mit einem immensen Wasseraustausch bescheren den Walen reichhaltige Nahrung. Die Chance sogar Buckel- und Finnwale zu beobachten, ist sehr hoch. *brierislandwhalewatch.com; siehe Tipp 25*

7 **Wanderung zum Cape Split:** Eine 13 Kilometer lange Rundwanderung führt durch den Küstenwald zum Cape Split, einem dramatisch steilen Felskap am Übergang von der Bay of Fundy zum Minas Basin. Schöne Ausblicke auf die umliegenden Küsten bieten Gelegenheit für geruhsamen Picknick in der Natur. Einen Imbiss und insbesondere ausreichend Getränke muss man allerdings selbst im Rucksack dabeihaben. *novascotia.com/de/see-do/trails/cape-split-provincial-park/6253; siehe Tipp 28*

8 **Spaziergang auf dem Meeresboden am Burntcoat Head:** Der Abstecher zur Steilküste von Burntcoat Head mit dem weltgrößten Gezeitenhub lohnt sich besonders bei Ebbe, um die Insel vor dem Leuchtturm auf dem Meeresboden zu umrunden. Der Boden besteht aus rötlichem Sandstein, und in den zahllosen Tümpeln kann man farbige Schnecken, Muscheln und kleine Krebse beobachten. Erst mit der langsam zurückkehrenden Flut bekommt man eine Vorstellung von den ungeheuren Wassermassen, die hier von den Gezeiten bewegt werden. *burntcoatheadpark.ca; siehe Tipp 33*

9 **Das Highland Village Museum in Iona auf Cape Breton:** Nirgendwo sonst auf Cape Breton bekommt man eine bessere Vorstellung davon, wie es in den Zeiten der Besiedlung durch schottische Einwanderer um 1800 ausgesehen hat. Nicht nur die schöne Lage des Museums mit weitem Ausblick über den Bras d'Or Lake, sondern auch die interessanten Ausstellungen, Vorführungen und die historischen Gebäude lohnen diesen Abstecher von der üblichen Umrundung des Hochlandes von Cape Breton auf dem Cabot Trail. *highlandvillage.novascotia.ca/visit-us/about-iona-area*

10 **Martinique Beach:** Nova Scotia hat viele schöne Sandstrände entlang seiner Küsten. Martinique Beach gilt mit vier Kilometern als der längste. Besonders im Spätsommer wärmt sich das flache Wasser auf und lädt zum Baden ein. Der im Sommer überwachte Strand ist Teil eines Provinzparks und deshalb in der Saison gut ausgestattet. Bei kühlerem Wetter ist der lange Strand auch für ausgedehnte Spaziergänge geeignet. *novascotia.com/see-do/outdoor-activities/martinique-beach-provincial-park/1745; siehe Tipp 49*

KURIOSES & BESONDERHEITEN

IN NOVA SCOTIA

Halifax Noon Gun: Wer zum ersten Mal im Sommer in Downtown Halifax unterwegs ist, kann mittags von einem lauten Knall überrascht werden: Täglich Punkt 12 Uhr wird auf der Zitadelle zur Erinnerung an die Zeiten der Stationierung des 78. Highland Regiments um 1869 eine Kanone abgefeuert. Natürlich sind heute auf der Zitadelle keine Soldaten der Royal Artillery mehr stationiert. Es sind Statisten, Frauen wie Männer, die in traditioneller Uniform und Kleidung als Kanoniere, Soldaten, Dudelsackspieler, als Soldatenfrauen und Händler agieren und so einen Einblick in das militärische Leben im viktorianischen Zeitalter geben. *parks.canada.ca/lhn-nhs/ns/halifax/activ/histoire-vivante-living-history*

Frühe deutsche Siedler in Nova Scotia: Allgemein bekannt ist, dass Lunenburg an der South Shore eine Gründung von deutschsprachigen Auswanderern ist. Aber auch in Halifax lassen sich die Spuren dieser Immigranten nachweisen. Besonders an einigen Straßennamen lässt sich die deutsche Herkunft erkennen: Gottingen Street, Brunswick Street, Dresden Row und auch Merkel Street. Das zweitälteste Gebäude von Halifax ist die Little Dutch Church, wobei der Name nicht auf holländische, sondern auf deutsche Kirchgänger verweist. Wie auch bei vielen anglisierten Familiennamen wurde aufgeschrieben, wie es die Kolonialbeamten für richtig hielten. *Siehe Tipp 2*

Ein Muss: Seafood Chowder: Die traditionelle Fischsuppe in Nova Scotia schmeckt dank der frischen Fische, Hummer und Muscheln direkt aus dem Meer besonders gut. Je nach Restaurant, fein oder einfach, und Vorliebe der Köche wird sie mit Kartoffeln, Gemüse und Milch oder Sahne angerichtet. Seafood Chowder wird sowohl in Tassen als auch in Suppenschüsseln angeboten, und man kann sie während des Urlaubs in vielen Varianten probieren.

East und West Berlin ohne Mauer: Eine Kuriosität, die es in Nordamerika mehrfach gibt, sind die benachbarten kleinen Dörfer East und West Berlin. Die Namen wurden bereits 1886 vergeben und haben also nichts mit der deutschen Teilung zu tun. Ein Besuch lohnt sich aber trotzdem, denn in East Berlin gibt es einen schönen Strand mit interessanten Felsformationen, und der wettergebeutelte winzige Fischereihafen von West Berlin bietet schöne Fotomotive. *Siehe Tipp 15*

Fossiliensuche am Blue Beach: Wer die Saurier-Affinität seiner Kinder in geordnete Bahnen lenken will oder etwas über die Vorgänger der Saurier, Vögel und Säugetiere erfahren will, sollte unbedingt das Blue Beach Fossile Museum besuchen. Die Fossilien an diesem Küstenabschnitt enthüllten, wie die ersten Vierfüßler vor 350 Millionen Jahren das Wasser verließen, um danach an Land zu leben. Besonders spannend ist es, gemeinsam mit dem Besitzer des Museums bei Ebbe am Strand selbst auf Fossiliensuche zu gehen. *bluebeachfossilmuseum.com; siehe Tipp 30*

Fast alles über Ahornsirup: In Kanada gibt es kaum ein Frühstück ohne Ahornsirup, ob mit Pancakes oder herzhaft zu Eiern, Würstchen oder Bacon mit Bratkartoffeln. Wie der Ahornsirup bzw. Maple Syrup hergestellt wird, erfährt man bei einer Führung in der Sugar Moon Maple Farm. Im dazugehörenden Restaurant kann man ihn dann in vielen Varianten kosten und natürlich auch kaufen. *sugarmoon.ca; siehe Tipp 39*

Besuch im Membertou Heritage Park in Sydney: Nova Scotia wird seit Tausenden Jahren von den Mi'kmaq bewohnt. Inmitten der Stadt Sydney kann man das Reservat der Membertou First Nation besuchen und sich im Museum und der Galerie ausführlich über die Geschichte der ersten Bewohner von Nova Scotia informieren. Im Souvenirladen wird authentisches Kunsthandwerk angeboten. *membertouheritagepark.com; siehe Tipp 44*

Zurück in die 1940er-Jahre: An der Ostküste von Nova Scotia gibt es ein ungewöhnliches Museum, das die jüngere Vergangenheit Kanadas erlebbar macht. Das Memory Lane Heritage Village ist eine gute Gelegenheit, die frühe Geschichte von Autos, Radios, Waschmaschinen und Kühlschränken kennenzulernen. Man sieht Fahrzeuge und Gerätschaften, wie man sie sonst nur aus historischen Filmen kennt. *visitmemorylane.ca; siehe Tipp 48*

Arctic Ocean
Baffin Bay
KANADA
Northwest Territories
Nunavut
Yukon
Yellowknife
Iqaluit
Whitehorse
Hudson Bay
British Columbia
Alberta
Saskatchewan
Manitoba
Québec
Newfoundland & Labrador
Edmonton
Ontario
Regina
Winnipeg
Victoria
St. John's
Québec
Charlottetown
Ottawa
Fredericton
Toronto
Halifax
USA
1 New Brunswick
2 Prince Edward Island
3 Nova Scotia
Atlantic Ocean

Gulf of St. Lawrence
New Brunswick
Prince Edward Island
Cape Breton
Highlands
National Park
Sydney
Antigonish
Truro
Windsor
Sherbrooke
Nova Scotia
Digby
Halifax
Caledonia
Lunenburg
Yarmouth
Shelburne
Atlantic
Ocean

Grossraum Halifax

Am Northwest Arm von Halifax

Grossraum Halifax

1. Sir Sandford Fleming Park: Naturparadies in der Großstadt
2. Halifax: auf deutschen Spuren
3. Crystal Crescent Beach Provincial Park
4. Entdeckungen am Bedford Basin: Fort Sackville, Scott Manor House und Admiral Cove Park
5. Uniacke Estate: Herrenhaus mit Schlosspark
6. Auf dem High Head Trail bei Prospect
7. Polly Cove: leicht zu erreichen, aber nahezu unbekannt
8. Wanderung auf Micou's Island

5
Uniacke Estate Museum Park
Shubenacadie Grand Lake
4
Bedford Basin
2
Halifax
1
Sir Sandford Fleming Park
8
Micou's Island
Terence Bay Provincial Wilderness Area
Halifax Harbour
7
Polly Cove
6
Prospect
3
Crystal Crescent Beach Provincial Park
Atlantic Ocean

1. SIR SANDFORD FLEMING PARK: NATURPARADIES IN DER GROSSSTADT

Mitten in Halifax liegt der Sir Sandford Fleming Park – ein angenehmer Ruhepunkt für Groß und Klein. Der leicht zu besteigende Dingle Tower bietet schöne Blicke über die Stadt und den Northwest Arm.

Blick vom *Dingle Tower* über den Northwest Arm

Die vom Meer und Hafen geprägte Großstadt Halifax ist zwar an den Rändern durchgrünt und naturnah, aber im Zentrum gibt es nur noch wenige naturbelassene Flächen. Eine davon ist der 75 Hektar große Point Pleasant Park am südlichen Ende von Halifax Downtown, eine andere der am Northwest Arm gelegene Sir Sandford Fleming Park – weniger formell auch „Dingle Park" genannt. Er war einst der Sommersitz des zu Wohlstand gekommenen Eisenbahningenieurs und Unternehmers Sir Sandford Fleming, der ihn 1908 der Stadt Halifax vermachte. Sein Vermögen stammte unter anderem aus der Tätigkeit für den Bau der *Canadian Pacific Railway*, die eine entscheidende Bedeutung für die Bildung des einheitlichen Staates Kanada hatte. Fleming war auch der Begründer der weltweit standardisierten Zeitzonen. Sein Anwesen trug den Namen *The Dingle*, was mit „Waldschlucht" übersetzt werden kann und den Park gut beschreibt. Das 38 Hektar große, am Wasser gelegene Gelände bietet dem stadtmüden Touristen erholsame Spaziergänge, zwei Badestrände an der Meeresbucht und einen Spielplatz für Kinder.

Im Zentrum des Parks steht der *Dingle Tower*, ein dominanter Gedenkturm, der den Park und den ganzen Northwest Arm der Bucht von Halifax überragt. Der zehnstöckige, aus Natursteinen gemauerte Turm

Dingle Tower

ist von Frühjahr bis Herbst geöffnet und erlaubt von seiner durch Stahlgitter geschützten offenen Plattform reizvolle Ausblicke auf die Stadt, den Park und die in der Sonne glitzernde Wasserfläche, die bis zum Atlantik reicht, wo bei guter Sicht der Leuchtturm von McNabs Island zu sehen ist. Viele der sehr schön gelegenen und teilweise großzügigen Grundstücke entlang des Wasserarms verfügen über Steganlagen, sodass man oft Segel- und Motorboote beobachten kann. Beim Besteigen des Turms – über teilweise sehr breite und bequeme Stahlgittertreppen – kommt man an vielen Gedenktafeln vorbei, die sowohl an die Entdeckungsgeschichte Kanadas durch die Europäer wie auch an die Finanziers des Turms, kanadische Provinzen, Universitäten und andere erinnern. Besonders interessant sind die Tafel zum Gedenken an John Cabot, den Italiener in britischen Diensten, der bereits 1497 Nordamerika erreicht hatte, sowie ein Stein aus dem Tor des Geburtshauses des französischen Entdeckers und Geografen Samuel de Champlain, der 1604 erstmalig die Küste Nova Scotias kartografierte. Die Eingangstür des Turms wird von zwei stattlichen bronzenen Löwen bewacht, die denen an der Nelson-Säule am Londoner Trafalgar Square gleichen.

Spielplatz neben dem *Dingle Tower*

Zwei Löwen bewachen den Eingang zum Turm

Entlang des Parkufers ziehen sich Wege, die von Spaziergängern, „Power-Walkern" und Leuten, die ihre Hunde ausführen, eifrig genutzt werden. Ein etwas längerer Spaziergang von 1,3 Kilometern führt um einen Teich, den Frog Pond, der wie sein Name schon sagt, von Fröschen, aber auch von Fischen und Wasservögeln bewohnt wird, die man übrigens keinesfalls füttern sollte! Immer wieder laden Bänke zum Picknick oder einfach nur zum Beobachten der Tierwelt und der schönen Umgebung ein.

INFO

Lage: Der Park ist unweit von Halifax Downtown auf der Südseite der Northwest Arm genannten Meeresbucht.

Anfahrt: Mit dem Auto fährt man zur Straße 253 (Purcells Cove Rd) und biegt dort in die Dingle Road. Der Park ist auch mit dem Bus der Linien 25, 415 vom Mumford Terminal aus zu erreichen. Er hat mehrere Eingänge und Parkplätze, u.a. in unmittelbarer Nähe des Dingle Tower und des Spielplatzes.

Hinweis: In den Sommermonaten ist der Park bewirtschaftet, es gibt Toiletten.

2. HALIFAX: AUF DEUTSCHEN SPUREN

Dass Lunenburg deutsche Ursprünge hat, ist bekannt. Doch wie verhält es sich mit Halifax? Ein Rundgang mit einem Ausflug in die Geschichte der Stadt bringt Erstaunliches zu Tage.

Halifax macht weitgehend den Eindruck einer britisch-amerikanischen Großstadt. Beim Blick auf den Stadtplan sieht der aufmerksame Beobachter jedoch auch deutsch klingende Straßennamen wie Gottingen Street, Brunswick Street oder Dresden Row, alle in Downtown unweit der Zitadelle. Eigentlich ist das kein Wunder, denn schon bald nach der Gründung 1749 kamen die ersten Aussiedler aus dem deutschen Sprachraum hier an. Im Auftrag des in Herrenhausen bei Hannover geborenen britischen Königs George II., gleichzeitig Kurfürst von Braunschweig-Lüneburg, waren Auswanderungswillige für Britisch-Amerika geworben worden, indem man ihnen ausreichend Land und Starthilfe versprach. Beim Registrieren dieser Einwanderer wurden Namen und

St. Pauls Church – das älteste Gebäude der Stadt

Little Dutch Church mit Friedhof

Herkunftsorte gemäß dem sprachlichen Vermögen der Beamten anglisiert – und so wurde aus Krause Crouse, aus Weihnacht Whynot, Rehfuss wandelte sich in Rafuse, aus Braunschweig wurde Brunswick und aus „deutsch" wurde „dutch", was bis heute immer wieder für Verwirrung sorgt.

Historische Darstellung von 1868

Es empfiehlt sich, den Rundgang unterhalb der Zitadelle am ältesten Gebäude der Stadt, der *St. Pauls Church*, zu beginnen. Diese diente auch den ersten deutschen Immigranten als Kirche, bis sie 1755 ihr erstes eigenes Gotteshaus erhielten, die „Little Dutch(!) Church", die heute das zweitälteste Gebäude von Halifax ist. Man findet sie weiter nordwestlich, in der Brunswick Street Nr. 2393. Mitbegründer war der deutschstämmige Otho Wilhelm Schwartz, der wirtschaftlich und politisch erfolgreichste Deutsche seiner Zeit in Nova Scotia. Er soll unter der Kirche bestattet sein. Die Windfahne auf dem Turm zeigt übrigens noch immer ein „O" für Ost anstatt ein „E" für East. Auf dem Friedhof stehen Grabsteine mit deutschen Namen wie Johann Albrecht Leizer, Thomas Bauer, James William Merkel, George Merlin oder Matthias Holland. Die Merkels betrieben eine Landwirtschaft in der damals so benannten German Town, im heutigen Stadtteil North End. Daran erinnert noch die Merkel Street. Im North End gibt es heute kaum noch Häuser aus dem 18. oder frühem 19. Jahrhundert, da dieses Stadtviertel bei der Halifax-Explosion im Jahr 1917 fast vollständig zerstört wurde. In ein anderes Viertel, das erst Dutch Village und dann Westerwald hieß, führt die Bayers Road, benannt nach dem Einwanderer Georg Bayer, der in der Gegend einen Bauernhof hatte. Auch hier lebten deutsche Einwanderer, doch erinnert heute nur noch ein Straßenname daran: Westerwald Street. Kein Grund, sich deshalb auf den weiten Weg dorthin zu machen.

Grabstein für Johann Albrecht Leizer

Eine weitere Gruppe Deutscher kam als sogenannte Hessische Söldner nach Halifax, um auf Seiten der Briten im Krieg gegen die abtrünnigen Vereinigten Staaten zu kämpfen. Zu ihrem Glück kamen sie wegen Friedensverhandlungen nicht mehr zum Einsatz. Einige der deutschen Söldner desertierten, andere schieden offiziell aus dem Dienst und erhielten sogar Land in der Nähe von Halifax zugeteilt. Der Befehlshaber dieser Truppen, Baron Oberst Franz Carl Erdmann von Seitz, starb 1782 in Halifax und ist in der *St. Pauls Church* bestattet.

Folgt man der Brunswick Street nach Süden, kommt man nach Schmidtville, einem kleinen Stadtviertel, das auf den deutschen Einwanderer Christian Schmidt verweist. Schmidt und seine Frau parzellierten 1830

... und es gibt sogar eine Berlin Street!

das durch seine Frau geerbte Land, und sie verkauften es an Interessenten. So entstand mit Schmidtville ein zentrumsnahes Wohnviertel südlich der Spring Garden Road, in dem noch heute viele schöne Gebäude aus dem frühen 19. Jahrhundert stehen. Zwei Straßen benannte Schmidt nach der Herkunft seiner Vorfahren: Dresden Row und Rottenburg (heute Clyde) Street. Birmingham Street ist nach dem Geburtsort von Schmidts Frau Elisabeth benannt. Das Haus der Schmidts an der Ecke von Dresden Row und Clyde Street wurde leider 1980 zerstört. Einige noch bestehende Straßenzüge von Schmidtville sollen unter Denkmalschutz gestellt werden – ob das gelingt, bleibt abzuwarten.

Die Dresden Row ist übrigens für ihre Restaurants mit internationaler Küche bekannt – aber eines mit deutscher Küche fehlt noch in Halifax. Schade, ein Essen dort wäre ein passender Abschluss des Spaziergangs durch die deutsch geprägte Geschichte von Halifax!

INFO

Lage: im Zentrum von Halifax; empfohlener Start: Barrington Street, Ecke Prince Street

Anfahrt: Der Spaziergang zwischen Little Dutch Church und Schmidtville dauert 1-2 Stunden. Detaillierte Informationen erhält man in den Nova Scotia Archives, 6016 University Avenue.

Unterkunft: Prince George Hotel, 1725 Market Street, *www.princegeorgehotel.com*; zahlreiche weitere Hotels und Motels.

3. CRYSTAL CRESCENT BEACH PROVINCIAL PARK

Nahe Halifax, aber doch ruhig gelegen, ist der Crystal Crescent Beach ein lohnendes Ziel für alle, die nach ein oder zwei Tagen Sightseeing Lust auf Sonnenbaden und Wandern haben.

Der Crystal Crescent Beach Provincial Park liegt südlich von Halifax in Sambro Creek auf einer schmalen Halbinsel, die weit in den Atlantik ragt. Der Park hat drei sichelförmige Strände aus hellem Sand, von denen zwei mit bequemen Holzwegen verbunden sind. Die Parkmöglichkeiten sind großzügig, sodass es trotz der Nähe zur Hauptstadt selbst an Wochenenden im Hochsommer noch genügend Platz gibt, sogar für Camper. Allerdings ist die Übernachtung in dem nur mit einfachen Toiletten ausgestatteten Park nicht gestattet.

Mehrere Wanderwege sind in der Nähe der Strände sehr gut ausgebaut; etwas weiter entfernt gehen sie in Pfade über, die aber infolge der häufigen Nutzung und mit ihren blauen Farbmarkierungen meistens deutlich zu erkennen sind. Der längste der Wege führt entlang der Küste bis zur

Strände mit hellem Sand

Spitze der Halbinsel zum Pennant Point und ist als Rundweg ungefähr 11 Kilometer lang. Stellenweise führt der Weg über große, helle Granitfelsen, die weite Blicke über den Ozean und auf die der Küste vorgelagerten Inseln bieten. Bei guter Sicht ist sogar der berühmte Leuchtturm von Sambro Island zu sehen, der seit 1758 arbeitet und als der älteste noch in Betrieb befindliche Leuchtturm von Nordamerika gilt.

Nicht immer sind die Wanderwege einfach zu laufen, es gibt auch schwierigere Abschnitte, sodass besonders bei feuchtem und stürmischem Wetter festes Schuhwerk und geeignete Oberbekleidung notwendig sind. Für sportliche Wanderer sind gerade die etwas anspruchsvolleren Partien über die Felsen mit ein wenig Kletterspaß verbunden. Dem durch das Innere der Halbinsel führenden Weg ist schwieriger zu folgen, da er seltener begangen und etwas unübersichtlicher ist.

Während der Wanderungen kann man je nach Jahreszeit verschiedene Vogelarten beobachten und mit Glück auch Stachelschweinen und Hirschen begegnen. Es fällt nicht schwer, sich einen ganzen Tag in diesem abwechslungsreichen Provincial Park aufzuhalten. Man sollte aber daran denken, Speisen und Getränke für ein Picknick mitzuführen, und vor allem auf sich schnell änderndes Wetter vorbereitet sein. Wegen der exponierten Lage der Halbinsel, umgeben vom Ozean mit seinem relativ kalten Wasser, muss man auch an Schönwettertagen mit plötzlich aufziehendem Nebel und den dann rasch absinkenden Temperaturen rechnen.

INFO

Lage: Der Crystal Crescent Beach Provincial Park liegt knapp 30 km bzw. 40 min Fahrtzeit südlich von Halifax.

Anfahrt: Straße Nr. 306 und/oder Nr. 349, kurz nach Sambro (in Richtung West Pennant) nach Süden der Ausschilderung zum Park folgen.

Hinweis: Der Park ist nicht bewirtschaftet, verfügt aber über Toiletten. Selbst an heißen Sommertagen muss man sich auf schnell wechselndes Wetter einstellen.

Unterkunft: Sal's B&B, 241 Village Rd, Herring Cove, *www.salsbythesea.com*; zahlreiche weitere Hotels, Motels und B&Bs in Halifax und Umgebung.

4. Entdeckungen am Bedford Basin: Fort Sackville, Scott Manor House und Admiral Cove Park

Abseits des Trubels von Halifax Downtown kann man am Ende des Bedford Basin, des inneren Hafenbeckens, einen ganz anderen Blick auf die Hauptstadt Nova Scotias gewinnen.

Fort Sackville, Grenzmarkierung

Halifax hat einen der größten Naturhäfen der Welt, was entscheidend für die Standortwahl war. Nach ihrer Gründung 1749 wurde die Stadt an strategisch wichtigen Stellen durch militärische Forts gesichert. Eines davon war *Fort Sackville* an der Mündung des Sackville River in das Bedford Basin, wo man feindliche Angriffe der Mi'kmaq und von akadischen (französischen) Verbänden erwartete. Von diesem Fort sind nur noch wenige, vom Gras fast verdeckte Steine zu sehen. Anhand der Informationstafeln und beim Blick über das Bedford Basin kann man jedoch einen Eindruck von der strategischen Bedeutung dieses Ortes gewinnen.

Gleich neben dem ehemaligen Fort steht das *Scott Manor House*, eines der ältesten Gebäude von Halifax, das heute ein Museum ist. Der erste Eigner,

Heute ein Museum – *Scott Manor House*

Joseph Scott, war gleichzeitig Kommandant des Forts. Das Haus ist zu großen Teilen in seinem Ursprungszustand und zeigt eine für das 18. Jahrhundert in England typische Bauweise mit einem Mansardengiebeldach, die es auch in Nova Scotia häufig gegeben hat. Der Vorteil gegenüber einem Satteldach liegt in dem deutlich vergrößerten Dachraum, wovon man sich bei einem Besuch im Museum überzeugen kann. Neben historischen Möbeln und Haushaltsgegenständen sind besonders zwei Gemälde interessant, die das ehemalige *Fort Sackville* im 18. Jahrhundert zeigen. Bemerkenswert sind die beiden im Keller zu sehenden, aus lose aufeinandergeschichteten Feldsteinen gegründeten Schornsteine.

Nur ein paar Schritte entfernt, unten an der Mündung des Sackville River, liegt ein interessanter kleiner Park, wo einst die Mi'kmaq kampierten, um Lachse zu fangen. Hier begann auch ein Waldweg, der damals quer durch Nova Scotia bis zum Minas Basin führte und von erheblicher strategischer Bedeutung in den Auseinandersetzungen zwischen Mi'kmaq, Franzosen und Engländern war.

Der ganz in der Nähe liegende *Admiral Cove Park* ist ein hier völlig unvermutetes, 29 Hektar großes und wunderschönes Stück naturbelassener

Blick über das Bedford Basin

Wildnis inmitten von Wohn- und Industriegebieten. Vom Museum aus fährt man auf dem Shore Drive ungefähr zwei Kilometer bis zur Long Cove, folgt dann einer Biegung nach rechts und kommt zu einem Parkplatz auf der linken Seite der Straße. Hier beginnen verschiedene Pfade, die durch den Wald sacht bergauf führen, bis man einen langgezogenen und gewundenen Weg entlang einer Felskante erreicht. Folgt man diesem in die eine oder andere Richtung, stößt man auf außergewöhnliche Monolithe. Der gewaltige *Bedford Monolithe* steht direkt am Rand einer steilen Klippe. Hier hat man eine grandiose Aussicht über das ganze Bedford Basin und Halifax. Der andere Monolith trägt den Namen *Eagles Nest*, „Adlernest", nicht ohne Grund, denn hier kreisen tatsächlich oft Adler über die Felsen. Der Blick in die Long Cove und über das Basin in die Stadt ist ebenfalls reizvoll. Der Rundweg ist ungefähr 2 Kilometer lang. An der Felskante ist besonders bei feuchtem Wetter erhöhte Vorsicht geraten, denn die Wände fallen hier bis zu 30 Meter ab. Den Pfad zurück zum Parkplatz muss man sich selbst suchen, da es keine Beschilderung gibt.

INFO

Lage: Fort Sackville und der Admiral's Cove Park liegen 15 bzw. 17 km von Halifax Downtown entfernt.

Anfahrt: Über Bedford Highway und Shore Drive erreicht man die Fort Sackville Road. Am Scott Manor House (Nr. 15) kann man parken, seitlich davon stand einst Fort Sackville.

Hinweis: Scott Manor House ist vom 1. Juli bis 30. August täglich 11 bis 16 Uhr, dienstags 12 bis 20 Uhr geöffnet, Eintritt frei. Im Admiral Cove Park muss man im Felsenbereich vorsichtig sein, besonders bei feuchtem und windigem Wetter; Kinder sollte man hier keinesfalls unbeaufsichtigt lassen.

Unterkunft: Stardust Motel, 1067 Bedford Hwy, Bedford, *stardustmotel.ca/bedford-location*; zahlreiche Hotels/Motels in Halifax/Dartmouth.

5. UNIACKE ESTATE: HERRENHAUS MIT SCHLOSSPARK

Das klassizistisch anmutende Mini-Schlösschen mit großem Landschaftspark am See ist ein überraschender Anblick, den man eher in Europa erwarten würde als in Nova Scotia. Es führt uns 200 Jahre zurück in die Geschichte der britischen Kolonialzeit. Dazu kann man auf acht Spazier- und Wanderwegen einen 930 Hektar großen Landschaftspark erkunden.

Der idyllische Landsitz liegt an der alten Poststraße von Halifax nach Windsor – der ersten Fernstraße der Provinz, die seinerzeit von Pferdekutschen und Ochsenkarren benutzt wurde. Er gehörte Richard John Uniacke, einem zwar aus vornehmen Hause stammenden und hoch-

Das Herrenhaus von Richard John Uniacke

gebildeten, zunächst aber mittellosen Einwanderer aus Irland. Der Vater von 12 Kindern war eine schillernde Persönlichkeit. Seine nach einigen Rückschlägen insgesamt erfolgreiche Karriere als Jurist und Politiker in Halifax verhalf ihm allmählich zu immer mehr Einfluss und Reichtum, sodass er sich als über 60-Jähriger auf seinem Farmland die großzügig angelegte Villa bauen lassen konnte, die er 1815 bezog.

Historischer Eisenofen

Das Innere des Hauses wurde seither kaum verändert und ist mittlerweile ein Museum. Das gediegene Mobiliar und die Einrichtungsgegenstände sehen heute noch nahezu so aus wie damals, sodass man recht anschaulich nachvollziehen kann, wie – zum Beispiel – früher das Hauspersonal im Untergeschoss am offenen Kamin die Speisen zubereitete, die dann den vornehmen Gästen im prachtvoll eingerichteten Esszimmer des Obergeschosses auf Wedgwood-Porzellan serviert wurden. Die Wohn- und Nebenräume sind sehenswert. Ein Kleinod ist das Arbeitszimmer des Hausherrn mit wissenschaftlichen Instrumenten, die er sämtlich auch benutzte, und einer kostbaren Sammlung verschiedenster Büchern, die er alle gelesen haben soll. Die Küche im Untergeschoss ist übrigens heute Eingangsbereich des Museums und „Tearoom", wo man einen Imbiss einnehmen kann.

Die weiße Villa mit ihren Säulen und der Freitreppe zählt als gelungenes Beispiel der georgianischen Architektur, deren klare Formsprache sich an der griechischen Klassik orientiert, im Gegensatz zur späteren viktorianischen Phase mit ihren reichen Dekorationen. Das Haus liegt pittoresk zwischen hohen Bäumen auf einer leicht ansteigenden Wiese oberhalb eines kleinen Sees, den John Richard Uniacke zu Ehren seiner Frau *Lake Martha* nannte; auf den Landkarten heißt er heute jedoch Uniacke Lake.

Seinerzeit wurde das umgebende Gelände zwar teilweise als Farm genutzt, aber gleichzeitig vom Besitzer ideenreich als Landschaftspark gestaltet. Einige der ehemaligen Wirtschaftsgebäude existieren noch heute, wie der Wagenschuppen, der mit seinen Kutschen, Schlitten und anderen Gerätschaften ebenfalls zum Museum gehört. Doch wo einst Schafe weideten oder Gemüse angebaut wurde, ist heute alles abwechslungsreiches Parkgelände.

Ein entspannender Spaziergang am Seeufer kann mit kürzeren und längeren Wanderungen auf insgesamt sieben verschiedenen Trails ergänzt werden. Der kürzeste ist kaum einen Kilometer lang und dauert keine halbe Stunde; die Kombination mehrerer, recht reizvoller Rundwege erlaubt eine längere Wanderung von ca. drei bis vier Stunden auf insgesamt etwa 10 Kilometer. Es geht durch teilweise naturbelassenen Wald mit hohen Bäumen, durch offenes Buschland und entlang von Feuchtwiesen, vorbei an eiszeitlichen Findlingen und an einem Biberbau.

Das Speisezimmer

Spazierweg durch den Park

INFO

Lage: Uniacke liegt etwa 40 km nordwestlich von Halifax auf halbem Weg in Richtung Windsor.

Anfahrt: Highway 101, Exit 3 bzw. 4 zur Route Nr. 1, oder direkt über Route Nr. 1 nach Mount Uniacke, dort der Ausschilderung zum Uniacke Estate Museum Park folgen; Adresse: 758 Hwy Nr. 1. Der Parkplatz liegt nahe der Villa.

Hinweise: Eintritt ins Museum 3,90 CAD; Öffnungszeiten 1. Juni bis 30. September: Mittwoch bis Sonntag 10-16 Uhr
Der Park kann ganzjährig ohne Eintrittsgebühr genutzt werden, er ist täglich von 8:30 Uhr bis zur Dämmerung zugänglich. Ein Faltblatt mit den Trails erhält man im Museum bzw. in einem Tourist Information Office der Provinz – oder im Internet: *uniacke.novascotia.ca*

6. AUF DEM HIGH HEAD TRAIL BEI PROSPECT

Das einstige Fischerdorf Prospect blickt auf eine lange Geschichte zurück. Eine Wanderung durch die baumlosen „Barrenlands", auf Deutsch Ödland, macht den Zauber dieser rauen, aber gar nicht „öden" Küstenlandschaft erlebbar.

Die Kirche von Prospect

Wenn man der Hektik von Halifax entfliehen will, ohne den üblichen Touristenströmen zu folgen, lohnt sich ein Halbtagesausflug nach Prospect an der rauen Atlantikküste der Chebucto-Halbinsel. Der kleine Ort besitzt keinerlei touristische Infrastruktur, jedoch gibt es hier einen überaus reizvollen Wanderweg entlang der Küste, der auch für weniger Geübte und für Kinder geeignet ist.

Schon vor 450 Jahren Jahren zeichnete der portugiesische Kartograf Diogo Homem auf der ältesten Karte von Nova Scotia (1558) die Region um Prospect ein. Die Fischgründe vor Nova Scotia, später auch der Einschlag von Holz für den Bau von Schiffen, für Industrie und Bergbau brachte die Europäer in das Land, das schon seit Jahrtausenden von den Mi'kmaq bewohnt wurde. Um die Mitte des 18. Jahrhunderts ließen sich europäische Siedler dauerhaft in den Buchten um Prospect nieder. Hier konnte man ein bescheidenes Einkommen für die Familie erwirtschaften. Doch 200 Jahre später waren die Gewässer leergefischt und alles wertvolle Holz geschlagen.

Heute leben hier nur noch wenige Fischer. Viele junge Leute sind längst der Arbeit nach, nach Halifax oder noch weiter weg gezogen. Manche Häuser des ehemaligen Fischerdorfs standen zunächst leer, verfielen dann oder wurden von Stürmen wie dem Hurrikan Juan, der im Jahr 2003 in Prospect seinen Landfall hatte, in Einzelteile zerlegt. Obwohl es weder Laden, Restaurant, Schule oder Kirche gibt, kamen neue Bewohner wie Pensionäre, Künstler und Sommergäste, von den *locals* auch *cottage people* genannt. Hier finden sie reichlich Natur pur mit aufregenden Felsformationen an der Küste und einer vielfältige Pflanzen- und Tierwelt, die man bei den Wanderungen fast für sich allein hat. In den Sommermonaten trifft man gelegentlich auch auf andere Naturenthusiasten, Spaziergänger oder auf Einwohner, die ihre Hunde ausführen.

In dem Dörfchen, das sich über mehrere kleine Landzungen zieht, gibt es kaum Parkmöglichkeiten, schon gar nicht für Camper. An einigen wenigen Stellen im Ort kann man am Straßenrand parken. Der Zugang zu

Fischerhütte und Cottage im Abendlicht

Kleine Bucht am Ortsrand

den Wanderpfaden, die unter dem Namen *High Head Trail* zusammengefasst wurden, beginnt am Ende der Indian Point Road, einer kurzen Stichstraße, die zu Beginn des Ortskerns, noch vor einem schmalen Meeresarm, nach rechts abbiegt. Man folgt den Pfaden, die durch eine tundraartige, offene Landschaft, das sogenannte *coastal barren land*, zwischen Gras und niedrigen Büschen, einzelnen Bäumchen und vorbei an hellen Granitfelsen in Richtung Atlantik führen. Bald muss ein kleiner Wasserlauf überquert werden, der in die Bucht mündet. Hier kann es etwas feucht werden, doch auch ohne die Unterstützung durch Wanderstöcke kann man mühelos über einzelne Steine balancieren und seinen Weg fortsetzen. Nach wenigen Minuten erreicht man von Gletschern und Ozean flach geschliffene Felsgruppen, die weite Blicke auf den Atlantik und die vorgelagerten Inseln bieten und bei schönem Wetter zu einem ersten Picknick einladen. An einigen Stellen kann man auch bis zum steinigen Strand herabsteigen. Nun bleibt es Lust und Laune, der

verfügbaren Zeit und Wind und Wetter überlassen, wie weit man den Pfaden an der sich über mehrere Kilometer hinziehenden Küstenlinie folgt, da man ja auf jeden Fall zum Ausgangspunkt und damit zu seinem Fahrzeug zurückkehren muss.

INFO

Lage und Anfahrt: Prospect liegt eine gute halbe Stunde von Halifax entfernt am Ende der Prospect Bay Road, die von der Straße Nr. 333 nach Süden abzweigt.

Unterkunft: Clifty Cove Motel, 8444 Peggys Cove Rd, Indian Harbour, *www.cliftycovemotel.com*; Hotels, Motels und B&Bs in Halifax – oder um Peggy's Cove, das ebenfalls knapp 30 km entfernt liegt.

Hinweis: Es gibt keine Parkmöglichkeiten für Camper! Festes Schuhwerk ist zu empfehlen, ebenso Wegzehrung und Getränke, denn im Ort gibt es keine Versorgungsmöglichkeit.

7. POLLY COVE: LEICHT ZU ERREICHEN, ABER NAHEZU UNBEKANNT

Wohl fast jeder Tourist in Nova Scotia besucht Peggy's Cove. Auf der Fahrt zum hoffnungslos überfüllten Wahrzeichen Ostkanadas passieren viele einen der schönsten Flecken Nova Scotias, ohne überhaupt etwas davon mitzubekommen: die Felsenlandschaft um Polly Cove.

In der Küstenregion bei West Dover endet die Ökoregion des *Acadian Forest*, des für Nova Scotia typischen Waldes, und geht in eine alpin anmutende Fels- und Tundralandschaft über, wie man sie ähnlich im Norden Schwedens und Norwegens findet. Dieses *coastal barren land* ist eine karge Landschaft von ganz besonderer Schönheit. Ihr Markenzeichen sind von Gletschern und Erosion rundgeschliffene Felsrücken aus zumeist hellem, fast weißem Granit. In den Senken dazwischen ducken sich Erlen, Fichten, Tannen, die hier nur selten Mannshöhe erreichen, und verschiedene Sträucher. Auf einigen der Felsrücken liegen große Findlinge, die weithin sichtbar sind.

Mächtiger Granitfelsen direkt am Atlantik

Felsen, Buchten und Inseln

Der *Polly's Cove Hiking Trail* westlich von West Dover führt geradewegs in Richtung Atlantikküste. Nach ca. 500 Metern erreicht man ein Betonfundament, das zu einem früher geplanten Gebäude gehört. An der Ostseite der Ruine liegt ein größerer Stein mit einer interessanten Felsritzung, einer Doppelspirale, die offenbar ziemlich alt ist. Ihr Ursprung ist unklar, soll aber nach Aussage von Ethnologen nicht mit der Kultur der Mi'kmaq im Zusammenhang stehen.

Man ist nun an der Küste des Atlantiks angekommen und blickt auf kleinere Inseln. Rechts liegt Polly Cove, die kleine Bucht, die dem Wandergebiet ihren Namen gegeben hat. Zum Baden ist das Wasser wegen der starken Strömung zwischen den Felsen und den niedrigen Wassertemperaturen aber nicht geeignet. Die Küstenlinie wird in beiden Richtungen nach jeweils mehreren hundert Metern durch tief eingeschnittene Buchten unterbrochen. Verschiedene Pfade führen scheinbar wahllos in mehrere Richtungen, doch verlaufen kann man sich nicht, denn von einem der Hügel aus bekommt man schnell die Übersicht und findet wieder zum Hauptwanderweg zurück.

Von Gletschern transportierte Findlinge

Nach Regentagen können die Wege auch feuchte Abschnitte aufweisen, die man aber gut umgehen kann, wobei man die fragile Vegetation nicht zusätzlich belasten sollte. Bei gutem Wetter kann man bedenkenlos durch die Gegend streifen, über Felsen klettern oder sich ein sonniges Plätzchen für ein Picknick suchen. Man staunt, wie wenige Menschen diesen wunderschönen Flecken Erde aufsuchen und ist froh darüber, dass man den Massen in Peggy’s Cove aus dem Weg gegangen ist. Junge Nadelbäume, Bayberries, Blaubeeren und Cranberries wechseln sich ab mit kriechendem Wacholder, wilden Brombeeren, Farnen und den silberweißen Rentierflechten. Die vielseitige Vegetation erstrahlt besonders im Herbst in vielen Farben – leuchtendes Gelb bis Orange und Braun, glühendes Purpurrot und alle Grüntöne.

Steigt man auf die höchsten Erhebungen, erkennt man im Westen den Leuchtturm von Peggy's Cove, der umstellt von Touristenbussen in etwa 2 Kilometern Entfernung liegt. Trotzdem ist natürlich auch er ein lohnendes Ziel, besonders zu Sonnenauf- oder -untergang, wenn sich nur wenige Besucher auf dem Felsmassiv tummeln.

INFO

Lage: Polly Cove liegt etwa 40 km entfernt von Halifax in südwestlicher Richtung nahe der Straße 333.

Anfahrt: Etwa 1 km westlich von West Dover liegt links am Straßenrand ein kleiner nicht ausgeschilderter Parkplatz, hier beginnt der gleichfalls nicht bezeichnete Polly's Cove Hiking Trail, der in Richtung Atlantik führt. 150 Meter weiter gibt es rechts der Straße noch einen schmalen Parkplatz, und gegenüber führt ein weiterer Wanderpfad durch das Barrenland-Plateau.

Hinweis: Man sollte besser feste Schuhe anziehen, da Wege und Felsen feucht und glitschig sein können. Das Klettern auf den Felsen erfordert etwas Geschick und Übung. Die Pfade sind aber überwiegend einfach zu wandern. Es gibt keine Toiletten! Wer mit dem Camper unterwegs ist, parkt sein Fahrzeug besser in Peggy’s Cove und muss dann allerdings der Straße knapp 3 km bis zum Wanderweg folgen.

Unterkunft: Clifty Cove Motel, 8444 Peggys Cove Rd, Indian Harbour, *www.cliftycovemotel.com*; weitere B&B in der Umgebung; Hotels, Motels in Halifax.

Camping: King Neptune Campground in Indian Harbour, *www.kingneptunecampground.ca*

8. WANDERUNG AUF MICOU'S ISLAND

Die St. Margarets Bay ist wegen der Nähe zu Halifax ziemlich dicht besiedelt. Entlang der stark befahrenen Peggys Cove Road und der St. Margarets Bay Road liegen in geringem Abstand Wohn- und Ferienhäuser. Dennoch gibt es auch hier naturbelassene Überraschungen, die allerdings nicht leicht zu entdecken sind. Eine davon ist Micou's Island.

Jagen verboten!

Micou's Island liegt versteckt gegenüber einer Landzunge, die sich in die St. Margarets Bay reckt. Man folgt der Indian Point Road in Glen Haven bis an ihr Ende an der Spitze der Halbinsel, wo man sein Fahrzeug auf dem Randstreifen abstellen kann. Hier gibt es einen Zugang zum Strand, von wo aus man die Insel erblickt, auf der sich rechts ein altes, verwittertes Cottage in hellem Silbergrau vom Inselwald abhebt. Es wird von der *St. Margaret's Bay Stewardship Association* – die die geschützte Insel verwaltet – unterhalten und saniert. Micou's Island

Steiniges Ufer bei Ebbe

erhielt ihren Namen nach den letzten Eigentümern, ist aber auch als Big Indian Island bekannt. Hinter Micou's Island liegt eine weitere schmale Insel, die Sheep Island oder auch Little Indian Island heißt. Die Namen deuten darauf hin, dass die Inseln einst von Mi'kmaq bewohnt waren, was durch archäologische Funde bestätigt wurde.

Über eine breite Sandbank lässt sich die Insel bei niedrigem Wasserstand bequem zu Fuß erreichen. Am östlichen Vorsprung der Insel begrüßt ein großes Schild im Grasland die Besucher. Nun kann man sich nach links zur Umrundung der Insel begeben. In einem Wäldchen liegt ein Findling, der die Namen der ehemaligen Besitzer der Insel, der Familie Micou, trägt. Nach einem sehr steinigen Strandabschnitt entlang von Marschwiesen und einem Teich erreicht man einen kleinen Pfad, der in einen urwüchsigen Wald führt. Überall liegen vertrocknete oder vom Wind gefällte Bäume zwischen den nachwachsenden Balsamtannen und Fichten. Weiter im Inneren folgt ein alter Waldbestand mit Laubbäumen. Alles ist naturbelassen, nur der Weg wurde behutsam freigeschnitten und an feuchten Stellen mit Holzbohlen überbrückt. Nach wenigen Hundert Metern erreicht man eine Wiese, die direkt gegenüber von Sheep Island liegt. Am Strand liegen große Felsen, die von Tang überwachsen sind und bei Ebbe an langhaarige Fabelwesen erinnern. Auf

Das alte Cottage

einer kleinen Bank ist der Name des Platzes eingeritzt: Miscou's Island Back Beach. Bei schönem Wetter ist das ein geeigneter Platz für eine längere Rast, der für Kinder wunderbar zum Spielen, aber wegen der vielen Felsen kaum zum Baden geeignet ist.

Weiter geht es auf dem Pfad über Wurzelwerk durch den Wald. Bald erreicht man das Cottage, das vollständig mit verwitterten, silbergrau schimmernden Holzschindeln verkleidet ist. Es steht auf einem steinernen Fundament, das schon Lücken aufweist, durch die sicher der Wind pfeift. Fußwarm wird das Häuschen wohl nicht gewesen sein. Ein verwilderter Garten und einige überalterte Obstbäume erinnern an die früheren Bewohner der Insel. Am Waldrand weisen zwei Schilder auf die beiden möglichen Wege auf der Insel hin: Meadow Trail und Sandy Beach Trail. Von hier ist es nur noch ein kurzes Stück bis zu einem breiteren Sandstrand, der im Sommer wirklich zum Baden einlädt. Hat man die Zeit des Niedrigwassers nicht verpasst, gelangt man von hier aus wieder trockenen Fußes auf das Festland und zum Fahrzeug zurück.

INFO

Lage: Die Insel liegt 35 km von Halifax entfernt bei Glen Haven in der St. Margaret's Bay.

Anfahrt: Route Nr. 213 (Peggy's Cove Rd) bis Glen Haven, dort nach Westen in die Indian Point Road.

Hinweis: Für den Besuch der Insel muss man die Gezeiten beachten, da man sie trockenen Fußes nur bei Niedrigwasser erreichen und wieder verlassen kann. Für die Umwanderung ist festes Schuhwerk zu empfehlen, man braucht ungefähr eine Stunde. Es gibt keine Toiletten.

Unterkunft: Clifty Cove Motel, 8444 Peggys Cove Rd, Indian Harbour, *www.cliftycovemotel.com*; Hotels, Motels in Halifax.

Camping: King Neptune Campground in Indian Harbour, *www.kingneptunecampground.ca*

South Shore East

Felsige Küste am Gaff Point

South Shore East

9. Mit der Fähre nach Big Tancook Island
10. Blue Rocks und Stonehurst
11. Der Goldrausch in Nova Scotia
12. Umrundung von Gaff Point bei Kingsburg
13. Petite Rivière: kleiner Fluss und sehenswerter Ort
14. Entlang der Küste von Green Bay nach Broad Cove
15. Vergebliche Suche nach einer Mauer

Big Mushamush Lake
Big Tancook Island
9
Blue Rocks
10
The Ovens
11
Gaff Point
12
Petite Rivière
13
Green Bay
14
Green Bay
Broad Cove
14
Atlantic Ocean
East Berlin
West Berlin
15
15

9. Mit der Fähre nach Big Tancook Island

Nach einer Fahrt durch die Inselwelt der Mahone Bay erreicht man am Ausgang der Bucht die größte der Inseln, ein Naturparadies mit dichtem Wald, felsigen Ufern, freundlichen Bewohnern und wunderschönen Ausblicken.

Entladen der Fähre

Die Fähre zwischen Chester und Big Tancook Island braucht für die Überfahrt von knapp 15 Kilometer ungefähr 50 Minuten. Die Fahrt durch die Mahone Bay mit ihren 365 Inseln ist bei schönem Wetter natürlich ein besonderes Erlebnis. Vorbei an großen und kleineren Inseln mit einfachen oder komfortableren Ferienhäusern legt man zuerst in Little Tancook Island an, bevor das eigentliche Ziel, der Hafen von Big Tancook Island, erreicht wird. Die Insel erinnert in der Form an einen Embryo. Entlang der Big Tancook Island Road ziehen sich die Häuser von der Northwest Cove zur Southeast Cove. Etwa 110 Menschen leben das ganze Jahr auf der Insel. Im Sommer kommen noch einmal so viele Bewohner dazu.

Bereits lange vor der europäischen Besiedlung wurde Big Tancook Island von den Mi'kmaq zum Fischfang und zur Jagd aufgesucht. Erste europäische Siedler kamen Ende des 18. Jahrhunderts auf die Insel. Sie stammten aus Deutschland, was sich heute noch auf den Gräbern des Friedhofes nachverfolgen lässt. Einst stand der Name Tancook Island für Sauerkraut. Die deutschen Siedler hatten schnell herausgefunden, dass sich Weißkohl, gedüngt mit Tang und Seegras, hier sehr erfolgreich anbauen ließ. Bereits in den Zeiten der Segelschifffahrt war Sauerkraut wegen des hohen Vitamingehalts und der langen Haltbarkeit ein gefragtes Produkt. Der Anbau ging zurück, nachdem in den 1980er-Jahren Weißwedelhirsche schwimmend die Insel erreichten und sich bald so stark vermehrt hatten, dass sie die Kohlgärten plünderten. Die Marke *Tancook Sauerkraut* blieb erhalten, doch wird das Kraut heute unweit von Lunenburg produziert.

Da es auf der Insel kaum Übernachtungsmöglichkeiten gibt, muss man seinen Aufenthalt zwischen den Fährzeiten gut planen. Wer mehr erleben will, als nur die „Hauptstraße" entlang zu laufen, sollte fünf bis sechs Stunden dafür einplanen. Nach der Ankunft kann man eine kleine Kaffeepause in der Nähe des Hafens machen – oder besser zwei Kilometer quer über die Insel zur Southeast Cove spazieren. Hier befindet sich das *Wishing Stones*, eine Art Kuriositätenkabinett bestehend aus Galerie, Museum und Bibliothek, wo man auch Kaffee oder Tee bekommt. Als versierter Ausflügler hat man ja sowieso sein Stullenpaket dabei, das man hier selbstverständlich verzehren kann. Die Inhaberin, Hillary Dionne, ist eine talentierte

Mit Farbe den Winternebeln trotzen

Fotografin, die kompetent über die schönsten Enden der Insel und ihre Geschichte berichten kann. An der Southeast Cove wurden früher Segelschiffe gebaut, die als Tancook-Schooner amerikaweit bekannt waren. Doch davon ist heute nichts mehr zu sehen.

Am Ende der South East Cove Road beginnt ein sehr reizvoller, aber auch beschwerlicher Wanderweg, der festes Schuhwerk und Trittsicherheit voraussetzt. Bei niedriger Tide kann man direkt entlang des Ufers in Richtung Ost bzw. Nordost wandern. Es gibt nur wenige sandige Abschnitte, meist muss man über zerklüftete Felsen oder auf einem Steinwall wandern. Der Blick auf das Meer und die entfernt liegenden Inseln, Flat Island und East Ironbound Island, lohnt die Mühen des Weges. Der Wald reicht zumeist direkt bis ans Ufer. Bei höherer Tide kann man versuchen, einem nur schwer erkennbaren Pfad durchs Dickicht zu folgen, der allerdings manchmal durch Feuchtgebiete führt. Auffallend sind die von der Brandung geschliffenen Felsschichten direkt am Ufer, die sich weit ins Meer ziehen. Je nach der verfügbaren Zeit kann man bis zum Long Reef oder weiter zum Flat Reef laufen, zwei bekannten Landmarken, die durch ihre markante Gesteinsstruktur auffallen und zum Picknick einladen.

Galerie und Kuriositätenkabinett

Alte Slipanlage in Southeast Cove

Wer nicht viel laufen will, kann direkt am Sandstrand der Southeast Cove nach Seeglas suchen, das hier erstaunlich reichhaltig zu finden ist. Wem das zu anstrengend ist, der kann das zu Schmuck und Andenken verarbeitete Glas auch in der Galerie kaufen.

Ein weiterer Spaziergang führt nach Südosten vorbei an Häusern und durch den Wald zu einer spektakulären Felsklippe am Southern Head. Während der Jagdsaison im Herbst sollte man den Wald aber meiden, da dann die Jäger versuchen, der wachsenden Population der Hirsche Herr zu werden.

INFO

Lage: Big Tancook Island liegt in der Mahone Bay nahe Chester.

Anfahrt: Big Tancook Island erreicht man mit der Fähre von Chester (Lighthouse Route, Straße Nr.3). In Chester folgt man den Schildern zum Fährterminal an der Water Street. Autos können nicht mitgenommen werden.

Hinweis: Die meisten Einrichtungen auf der Insel haben nur in der Hochsaison geöffnet. Bei stürmischem und regnerischem Wetter ist der Ausflug nur „hart gesottenen" Reisenden zu empfehlen, denn das Wandern über nasses Gestein an der Küste kann dann gefährlich sein, und die Möglichkeiten zur Rast in Cafés sind begrenzt.

Unterkunft: Mecklenburgh Inn, 78 Queen Street, Chester, *www.mecklenburghinn.ca*

Camping: Graves Island Provincial Park, 230 Graves Island Road bei Chester, *parks.novascotia.ca/park/graves-island*

10. BLUE ROCKS UND STONEHURST

Die beiden abseits gelegenen Fischerdörfer sind überhaupt nicht „touristisch", dafür sehr pittoresk – sie bieten traumhafte Fotomotive und vermitteln einen Eindruck vom früheren Leben der Küstenfischer von Nova Scotia.

Die ersten Ansiedlungen gehen auf die Zeit um 1760 zurück, als sich in Lunenburg bereits stabile Stadtstrukturen herausgebildet hatten. Vermutlich waren die Wege zum offenen Meer für manche Fischer zu lang, sodass sie sich in den Buchten und auf den Inseln wenige Kilometer östlich von Lunenburg geeignete Stellen für ihre Anlegeplätze und Schuppen suchten.

Die Bluenose passiert Blue Rocks

Die Herkunft der Ortsnamen ist nicht eindeutig. Da Stonehurst früher Black Rocks hieß, wird vermutet, dass es einen Bezug zu Farbunterschieden der Gesteine vor Ort gibt, wobei die von Blue Rocks wohl etwas „blauer" sein müssen als die von Black Rocks. Vielleicht liegt es einfach nur daran, dass die Felsen im südlich gelegenen Blue Rocks im geeigneten Licht, bedingt durch Himmel und Meer, bläulich erscheinen und die in Black Rocks mit der Sonne im Rücken eben schwarz aussehen? Man wird bei einem Besuch wohl keine sinnvolle Antwort auf diese Frage bekommen – wirklich blaue Felsen gibt es hier jedenfalls nicht.

Was es hier aber zahlreich zu sehen gibt, sind schmale Buchten mit wunderschön gelegenen Mini-Hafenanlagen, Liegeplätzen mit kleinen und größeren Booten und bunt bemalten oder auch grau verwitterten Boots- und Lagerschuppen. Die kommerzielle Fischerei hat zwar schon lange nicht mehr den Stellenwert wie vor Jahrzehnten, doch die seit wenigen Jahren höheren Preise für Lobster (Hummer) haben dem Business gut getan. Im Sommer sind vielerorts große Stapel von farbigen Lobsterkäfigen zu sehen, die kaum noch aus Holz, sondern meist aus grünem oder gelbem Maschendraht gefertigt werden. Wunderschöne Ausblicke und traumhafte Fotomotive gibt es hier zuhauf, besonders wenn

Küstenfischerei in Stonehurst

man sich die Zeit nimmt und die Veränderungen im Wechsel der Gezeiten beobachtet. Bei Ebbe liegen viele der Boote auf Grund, und das gelblich-grüne Seegras, das die Felsen bedeckt, belebt die farblichen Kontraste der Motive.

Heute leben in Blue Rocks und Stonehurst mindestens ebenso viele Sommergäste und Pensionäre wie Familien, die noch von der Fischerei oder einem Handwerk leben. Auch einige Künstler haben sich hier angesiedelt, da die Themen und Anregungen zum Malen und Gestalten direkt vor der Haustür liegen.

Mit einer Kajaktour kann man sich die Inselwelt und die Buchten von Blue Rocks und Stonehurst auf besondere Art erschließen. Die Boote lassen sich auch vor Ort mieten. Wer sich für eigene Unternehmungen nicht sicher genug fühlt, bucht am besten eine Einweisung oder nimmt an einer geführten Tour teil. Gegen Abend, wenn der Wind einschläft und die Sonne sich senkt, kann eine Paddeltour ein angenehmer Abschluss für einen ereignisreichen Tag sein.

INFO

Lage: Blue Rocks und Stonehurst liegen sechs bzw. acht Kilometer von Lunenburg entfernt.

Anfahrt: Aus Lunenburg entlang der Pelham Street und Blue Rocks Road nach Südosten; angekommen in Blue Rocks, geht es weiter auf der Stonehurst Road nach Nordost.

Hinweis: Der Übergang von öffentlichen Straßen zu privaten Grundstücken ist auf den schmalen Halbinseln und entlang der vielen Buchten nicht immer einfach zu erkennen. Rücksichtnahme und Respekt gegenüber den Einwohnern sollte selbstverständlich sein, besonders wenn man sich einmal verfahren hat.

Kajakverleih: Pleasant Paddling, 245 The Point Road, Blue Rocks, *pleasantpaddling.com*

Unterkunft: Campingplatz und zahlreiche Hotels, Motels und B&Bs in Lunenburg.

11. Der Goldrausch in Nova Scotia

1861 fand man Gold auf einer Halbinsel gegenüber von Lunenburg, die einst von den Mi'kmaq und später von deutschen und französischen Siedlern bewohnt wurde: *The Ovens*. Der Name stammt von den Höhlen, die sich in Meereshöhe senkrecht in das Schiefergestein des Kaps ziehen.

Wanderweg über den Felsen

Eine Legende berichtet, dass einst ein Mi'kmaq mit dem Kanu in eine dieser Höhlen – die Indian Cave – fuhr und dann durch einen unterirdischen Tunnel die ferne Bay of Fundy weit im Nordwesten Nova Scotias erreichte. Keine Legende war jedoch das Gold, das der Landvermesser John Lawson hier am 4. Juli 1861 in den Quarzgängen von *The Ovens* fand, womit er einen Goldrausch auslöste – lange Zeit vor denen in Kalifornien und am Klondike River. Bis zu 1000 Leute sollen hier einst versucht haben, ihr Glück zu finden. Zwar war der Rausch bereits nach wenigen Jahren vorbei, doch heute kann man am Strand von *The Ovens* – mit einer vor Ort auszuleihenden Pfanne – wieder Gold waschen. Es gilt jedoch noch immer: „Die wirksamste Art sein Geld zu verlieren, ist nach Gold zu suchen!"

Entlang der Küste und ihren Höhlen haben die heutigen Besitzer des *The Ovens Park* einen leicht begehbaren Wanderweg angelegt. Er bietet nicht nur schöne Blicke auf die Bucht von Lunenburg und die felsige Küste, sondern auch in einige der durch die Goldsucher zu Stollen erweiterten Höhlen. Gezeiten und Brandung arbeiten ständig an den Felswänden unterhalb des Pfades. Bei Sturm brechen sich die Wellen in den Höhlen mit lautem Gebrüll und voller Gewalt, sodass man die Erschütterung sogar unter den Füßen spüren kann. Gelegentlich fällt lockeres Gestein mit weiten Spritzern ins Wasser. Wie viele Nuggets und Goldkrümchen auf diese Weise im Meer verschwinden oder später an den Strand gespült werden, darüber kann man nur spekulieren.

Im Küstenwald über den Höhlen gibt es Zeltplätze, und einige rustikale Hütten stehen zur Vermietung. Hinter dem Hauptgebäude mit einem Laden, einer Gaststätte und einem kleinen Museum zur Geschichte von *The Ovens* befinden sich Stellplätze für Camper und ein Kinderspielplatz. Da sich das ganze Gelände in Privatbesitz befindet, wird Eintritt erhoben – auch für die Wanderung ohne Übernachtung.

Befahrbare Höhle bei Ebbe

Bei günstigem Wetter kann man *The Ovens* auch auf geführten Touren mit dem Kajak erkunden.

INFO

Lage: The Ovens Natural Park liegt ungefähr 16 km von Lunenburg entfernt. *www.ovenspark.com*

Anfahrt: Man erreicht *The Ovens* von Lunenburg über Straße Nr. 3 in Richtung Bridgewater und biegt dann nach gut einem Kilometer in Centre nach Süden in die Straße 332 ab, die man nach reichlich 10 km auf die Feltzen South Road verlässt, der Ausschilderung „The Ovens" folgend.

Hinweis: Bei stürmischem und regnerischem Wetter ist der Weg nur in geeignetem Schuhwerk sicher zu betreten, da der Boden schnell glitschig wird.

Unterkunft: Campingplatz vor Ort; B&B, Motels und Hotels in und um Lunenburg.

12. Umrundung von Gaff Point bei Kingsburg

Die Wanderung um die Halbinsel führt über einen langen Sandstrand und durch Balsamtannen-Wald zu einer von den Elementen umtosten, zerklüfteten Felsenküste mit tundraartiger Vegetation.

Wenn man in Rose Bay an der Straße 332 in die Kingsburg Road biegt, kommt man an schönen alten Häusern vorbei, von denen viele längst in Ferienhäuser verwandelt wurden. Man überquert einen letzten bewaldeten Hügel – und plötzlich öffnet sich der Blick auf eine Lagune vor einer langgestreckten Düne, die mit Häusern gesprenkelt und an beiden Enden von bewaldeten Hügeln begrenzt ist: der einstige Fischerort Kingsburg. Dahinter erstrahlt der in der Sonne glitzernde Atlantik – falls nicht gerade dicker Nebel Teile des Ortes mit grauen Schwaden verdeckt. Seinen Namen erhielt Kingsburg mit Referenz auf den britischen König Georg III., der zugleich Kurfürst von Braunschweig-Lüneburg und später König von Hannover war und 1787 für die Übertragung von Land an deutsche Auswanderer sorgte.

Von Sturm und Brandung erodiert

Sonnenbaden am Hirtle's Beach

Biegt man noch vor der Lagune nach rechts ab und folgt der Straße bis zu einem Parkplatz, erreicht man Hirtle's Beach, benannt nach Leonhard Hirtle, der aus Schwaben stammte und einer der ersten Siedler von Kingsburg war. Hier, an einem der schönsten Strände Nova Scotias, beginnt die Wanderung zum Gaff Point. Die Form der schmalen Halbinsel, an deren Ende Gaff Point liegt, erinnert tatsächlich an einen Landungshaken, ein Gaff, mit dem man größere Fische aus dem Wasser zieht.

Der Weg folgt dem Strand nach Süden, was bei Ebbe ein einfacher Spaziergang, aber bei höherer Flut – auf dem Steinwall hinter dem Strand – etwas anstrengender ist. Hinter dem Strandwall liegen zwei kleine Lagunen: Romkey Pond und Moshers Pond. Auch diese Namen verweisen auf deutsche Einwohner, wenngleich durch die Anglisierung der Ursprung nicht leicht erkennbar ist. Nach etwas mehr als einem Kilometer steigt der Weg, der jetzt durch lichten Küstenwald führt, langsam an und erreicht bald einen ersten Ausblick auf Hirtle's Beach und Kingsburg. Weiter geht es durch den Wald. Feuchte Stellen wurden hier mit Knüppelholz überbrückt. Wo der Pfad aus dem Wald heraustritt, hat man wunderschöne Blicke auf den Atlantik und die felsige Steilküste, die stellenweise über 10 Meter hoch ist. Hier ist aber auch Vorsicht geboten, da der Pfad ungesichert ist und infolge von Erosion manchmal Teile des Küstenrandes ins Meer stürzen. An Weggabelungen hält man sich immer links, den gelben Zeichen folgend. Bald erreicht man einen flacheren Teil der Halbinsel, der gegenüber der kleinen, heute unbewohnten West Ironbound Island liegt. Als dort noch ein Leuchtturm stand, lebte der Wärter mit seiner Familie auf der Insel.

Der Weg führt hier durch von Büschen und Gras bewachsenes Land nahe am zerklüfteten, felsigen Ufer, wo eindrucksvolle, schräg aufgefal-

Erinnerung an die Ursprünge von Kingsburg

tete Gesteinsschichten zu sehen sind, die durch die Gewalt der Elemente langsam in Einzelteile zerlegt werden.

Nach dem Umrunden der Landspitze erreicht man das *William E. Schwartz Memorial*. Schwartz war Nachfahre einer erfolgreichen deutschen Auswandererfamilie, die durch die Verarbeitung von Kaffee und durch Erdnussbutter bekannt wurde. Sein Privatland stiftete er dem *Nature Conservancy of Canada*, womit es vor Bebauung und Vermarktung geschützt und letztlich ermöglicht wurde, den Wanderweg durch dieses wunderbare Stück Natur anzulegen.

Im letzten Drittel führt der Weg vorwiegend durch Wald, teilweise über Balkenpfade. Abstecher führen zu den Buchten Sand Cove bzw. Grabble Cove. Schließlich geht es wieder am Strand entlang zurück zum Parkplatz am Hirtle's Beach. Der gesamte Weg hat eine ungefähre Länge von sechs Kilometern und ist in zwei Stunden gut zu bewältigen.

Der „Alte Strandfriedhof" in Kingsburg, dessen Tor noch immer in deutsch beschriftet ist – nur die Rückseite ist in Englisch – bietet einen interessanten Ausklang. Auf den Gräbern lassen sich noch heute deutsche Namen entziffern: Hirtle, Mossmann, Knack, Kayser oder Moser. Erst vor wenigen Jahren ist die letzte noch ein wenig deutsch sprechende Einwohnerin von Kingsburg, Olive Ernst, gestorben und ruht nun hier bei ihren Vorfahren. Der unweit gelegene Dry Spitz Pond und die nahe gelegene Landspitze Dry Spitz erhielten übrigens ihre Namen wegen der geografischen Ähnlichkeit mit einem Dreispitz, dem noch heute wohlbekannten Hut aus dem Lied „Mein Hut, der hat drei Ecken".

INFO

Lage: Kingsburg liegt auf einer Halbinsel südlich von Lunenburg.

Anfahrt: Auf Straße Nr. 332 bis Rose Bay, von dort entlang der Kingsburg Road nach Süden.

Hinweis: Die Wanderung ist bei trockenem Wetter einfach zu bewältigen, doch man braucht festes Schuhwerk. Bei Regen und stürmischem Wetter sollten nur geübte Wanderer den Weg gehen.

Unterkunft: Die nächsten Hotels und Motels befinden sich in Lunenburg oder Bridgewater.

Camping: Shore Boat View Campground Bayport oder The Ovens Natural Park, *www.ovenspark.com*

13. Petite Rivière: kleiner Fluss und sehenswerter Ort

Der kleine Fluss windet sich zwischen Hügeln hinab, bis er in eine weite, von den LaHave Islands geschützte Meeresbucht fließt. Das Tal des Petite Rivière und die an der Mündung liegenden Strände ziehen schon seit langem Sommergäste an – darunter auch viele Künstler.

Der Name des Flusses geht bereits auf Samuel de Champlain zurück. Die ersten europäischen Siedler kamen aus Frankreich, später folgten Briten und Deutsche. Sie alle fühlten sich offensichtlich wohl hier, denn es gab frisches Wasser, genügend Holz und Wild in den Wäldern und zahlreiche Fische im Fluss und im Meer. Sogar Wein wurde hier schon vor 300 Jahren angebaut.

Tante Emma-Laden auf kanadisch

Der Ort Petite Rivière entstand um eine Brücke herum, die den Fluss in Mündungsnähe überquert. Dort steht noch heute ein „echter" *Country Store*, ähnlich denen, die bei uns in Mitteleuropa als Tante-Emma-Laden bekannt waren. Es gibt fast alles, was man im Alltag braucht: Lebensmittel, Haushaltsgegenstände, Werkzeuge und dazu noch Eis, Alkohol, Andenken, Informationen aller Art und sogar Bargeld. Selbst tanken kann man hier.

Heute überspannt den Fluss eine einspurige Brücke, errichtet als dauerhafte Notlösung, nachdem ein Lkw ihren Vorgänger schwer beschädigt hatte. Die alte Brücke aber ist in die Kunstgeschichte eingegangen. Der Maler J. E. H. MacDonald, Mitbegründer der *Group of Seven* (einer weltbekannten kanadischen Künstlergruppe des frühen 20. Jahrhunderts) hat mehrfach seine Sommer in Petite Rivière verbracht. In der für ihn typischen expressiven Farbigkeit hat er nicht nur die Brücke, Fischerhütten, Scheunen und Uferszenen, sondern auch die *Church by the Sea* gemalt, die oberhalb des Ortes die Bucht von Petite Rivière überragt. Auch heute noch leben Künstler im Ort. Zwei Galerien bieten wechselnde Ausstellungen, in denen man vieles zwischen moderner Kunst, Folk Art und Kunsthandwerk oft preiswert erwerben kann.

Historischer Friedhof von Mi'kmaq und Akadier

In der Umgebung des Ortes haben schon seit dem 17. Jahrhundert Mi'kmaq und Akadier, das sind Nachkommen französischer Siedler, nachbarschaftlich zusammengelebt. In der Nähe des Strandes Sperry's Beach am Ende der Drew's Hill Road von Petite Rivière befinden sich in einem kleinen Waldstück weiter rechts Reste eines Friedhofs, der lange gemeinsam von Mi'kmaq und Akadiern genutzt wurde. Ein Gedenkstein erinnert an einige der dort Bestatteten.

Fährt man entlang des Petite Rivières bergan, kommt man an eine Brücke, hinter der der Ort Crousetown liegt. Der Name geht auf die Ansiedlung einer Familie Krause zurück, die zu den sogenannten *Foreign Protestants* gehörte, deutschsprachigen Einwanderern aus dem 18. Jahrhundert, die u. a. auch Lunenburg gründeten. Von der Brücke aus kann man neben einem Wasserfall die malerischen Überreste einer alten Sägemühle sehen. Solche hat es vor knapp hundert Jahren, als Holz eines der wichtigsten Handelsgüter der Provinz war, vielerorts in Nova Scotia gegeben. Leider scheinen im nicht von Touristen einsehbaren Hinterland der Provinz derzeit alte Fehler wiederholt zu werden: trotz aller Proteste erleben flächenhafte Abholzungen, sogenannte *clear cuts*, eine Renaissance.

Ruine einer Sägemühle in Crousetown

Strand von Green Bay

INFO

Lage: Petite Rivière liegt an der South Shore, etwa 20 km von Bridgewater entfernt.

Anfahrt: Die Straße Nr. 331 führt direkt durch den Ort Petite Rivière. Das Flusstal mit dem Weingut erreicht man auch über Exit 15 vom Highway 103 (Italy Cross Road).

Hinweis: Ein Ortsteil von Petite Rivière mit einem schönen Strand ist Green Bay (s. S. 62). Nahebei gibt es noch mehrere Badestrände; Rissers Beach ist bewirtschaftet, Crescent Beach nicht.

14. Entlang der Küste von Green Bay nach Broad Cove

Man kann in Nova Scotia nur selten direkt an der Küste von einem Ort zum nächsten wandern. Zwischen Green Bay und Broad Cove gibt es die wunderbare Gelegenheit, der ehemaligen „Old Road" zwischen beiden Orten zu folgen, die einst nur wenige Meter vom Strand entfernt durch Dünen, Buschland und Wald führte.

Die Wanderung ist in beiden Richtungen möglich. Die Entscheidung für einen der beiden Einstiegspunkte kann man von der Tageszeit abhängig machen – mit der Sonne im Rücken läuft es sich besser. Die Tageszeit wiederum muss sich an der Gezeitentabelle orientieren, da die Wande-

Sommerfrische in Green Bay

rung nur bei niedriger Tide möglich ist. Wer mit zwei Autos unterwegs ist, braucht die gut fünf Kilometer durch schwieriges Gelände nicht ein zweites Mal zurückzulegen, wenn vorher ein Auto am Endpunkt geparkt wird. Dafür hat man mehr Zeit für die kleinen Strände unterwegs und für die Beobachtung von Robben und Seevögeln. Wer mit Kindern wandert, sollte in Green Bay starten, da man bei nachlassendem Eifer oder Lust umkehren und direkt am Strand bei *MacLeods Canteen* eine Rast mit Eis oder regionalen Speisen einlegen kann.

Um nach Green Bay zu gelangen, biegt man in Petite Rivière von der Lighthouse Route 331 in Richtung Meer ab und erreicht einen historisch bedeutsamen Ort. Nur wenige hundert Meter entfernt befand sich vor mehr als 400 Jahren, als der französische Entdecker Samuel de

Fischerboot auf Landgang in Broad Cove

Champlain diesen Küstenabschnitt als erster kartografierte, ein Camp der Mi'kmaq. Den hier in den Atlantik einmündenden kleinen Fluss benannte er Petite Rivière. In Green Bay durchquert man eine weitläufige Siedlung von Cottages. Entlang kleinerer Strände mit schönen Blicken auf Bucht und Ozean erreicht man das Ende des Kieswegs mit dem Hinweisschild auf eine letzte Wendemöglichkeit. Von hier führt ein Fußpfad zum Strand. Bei Ebbe kann man direkt am Ufer laufen, obwohl immer wieder auch felsige Abschnitte zu übersteigen sind. Bei etwas höherer Tide folgt man einem Weg durch die Dünen und Marschwiesen, der gelegentlich schwierig auszumachen ist. Die sogenannte Old Green Bay Road nach Broad Cove verläuft dahinter im Wald, sie ist heute allerdings nur noch ein schmaler Waldweg. Später treffen Uferpfad und „Straße" hin und wieder aufeinander. Linkerhand befindet sich der Atlantik mit kleinen Buchten und von interessanten Felsformationen eingerahmten kurzen Sandstränden. Auf der rechten Seite bieten Lagunen und Teiche abwechslungsreiche Fotomotive. Trotz intensiver Sonneneinstrahlung kann es hier durchaus kühl sein. Die Green Bay Road heißt nun bald Bear Trap Road. Es ist allerdings recht unwahrscheinlich, hier einem Schwarzbären zu begegnen. In niederschlagsreichen Zeiten muss man gelegentlich die Schuhe ausziehen, um feuchte Abschnitte zu durchqueren. Der ehemalige Fahrweg ist hier in Strandnähe oft stark erodiert und stellenweise schon verschwunden, sodass man auf den Strand ausweichen muss, was aber nur bei Ebbe möglich ist! Nahe Broad Cove erreicht man die ersten Cottages und Häuser. Hier ist der Weg wieder für Autos befahrbar.

Wanderung über Sandstrand bei Ebbe

INFO

Lage: Green Bay und Broad Cove liegen an der South Shore zwischen Bridgewater und Liverpool.

Anfahrt: Man erreicht die beiden Orte über die Lighthouse Route 331.

Hinweis: Die Wanderung (gesamte Strecke) ist anspruchsvoll und erfordert Schuhwerk, das für felsigen und nassen Grund geeignet ist. Bei hoher Tide ist diese Wanderung nur in Teilen möglich!
In Petite Rivière (s. S. 58) gibt es Galerien mit maritim geprägter Kunst und Handwerk.

Unterkunft: Campingplatz am nahegelegenen Rissers Beach, Motels und Hotels in Bridgewater und Liverpool.

15. Vergebliche Suche nach einer Mauer

Es ist die kuriose Kombination der Ortsnamen East Berlin und West Berlin, die zum Besuch anregt. Was man hier jedoch findet, ist ziemlich anders als erwartet.

West Berlin hat auch einen Hafen …

... mit fotogenen Schuppen

East und West Berlin in Nova Scotia haben entgegen jeder Vermutung nichts mit der früher geteilten deutschen Hauptstadt zu tun. Die beiden winzigen Fischerdörfer liegen an einer Abzweigung der Lighthouse Route zwischen Liverpool und Port Medway. Die Straßenschilder mit den Hinweisen auf diese Kuriosität dürften zu den meistfotografierten in Nova Scotia gehören, zumindest seitens deutscher Touristen.

Es lohnt sich durchaus, die beiden Orte aufzusuchen, auch wenn Mauern hier nur zur Begrenzung früherer Weideplätze dienten und kaum höher als ein Meter sind. Viehwirtschaft wird aber schon lange nicht mehr betrieben. Längst haben die Supermärkte in Liverpool die Selbstversorgung der Einwohner ersetzt. Arbeitsplätze bietet hier – neben der Vermietung an Feriengäste – nur noch der Fang von Fisch und Lobster.

Wie es zu den ungewöhnlichen Ortsbezeichnungen kam, ist wenig spektakulär und im Detail nicht mehr aufzuklären. Fakt ist, dass die Umbenennung der Orte Pudding Pan in East Berlin und Blueberry in West Berlin bereits am 11. Mai 1886 erfolgte, offiziell abgesegnet durch Gouverneur, Regierung und Parlament von Nova Scotia. Die frühen Siedler der Region, Nachfahren der Gründer von Lunenburg und damit deutschstämmig, hatten sich bei der Namensgebung offensichtlich an örtliche Besonderheiten gehalten. Zum Ende des 19. Jahrhunderts war das wohl nicht mehr vornehm genug, sodass man sich nun an der deutschen Hauptstadt orientierte. „Ost" und „West" steht hier nur für die geografische Zuordnung der Orte – was in Nordamerika nicht selten ist, und selbst diese Berliner Kombination gibt es auf dem Kontinent mehrfach. Auf dem Friedhof von West Berlin finden sich noch immer deutsche Familiennamen: Wagner, Lohne, Wentzell, Conrad oder Crouse. An der Straße von West Berlin in Richtung East Berlin liegt rechts die West Berlin Wharf Road, die zum kleinen, aber fotogenen Fischereihafen von West Berlin führt. Eigentlich handelt es sich nur um eine Ansammlung windschiefer und stark verwitterter Lagerschuppen, die hinter einer mächtigen Schutzmauer aus Granitfelsen – also doch noch eine Mauer! – entlang einer kleinen Kaianlage liegen. Die Fischerboote, die hier auf ihren Einsatz warten, sind allerdings im besten Zustand und mit modernster Navigations- und Funktechnik ausgerüstet. Mit diesem Gegensatz bietet der kleine Hafen viele spannende Fotomotive – nicht nur bei Sonne, sondern auch bei Nebel, für den West Berlin übrigens bei den *locals* recht bekannt ist.

Neue Lobsterkäfige warten auf ihren Einsatz

Der kleine Sandstrand in West Berlin ist bei Weitem nicht so interessant wie der von East Berlin. An der Kreuzung in East Berlin biegt man nach links ab und folgt für einige hundert Meter einer Schotterstraße, bis sie vorbei an Marschland links und einem gewaltigen Steinwall auf der rechten Seite einen kleinen Parkplatz erreicht. Wer den Steinwall überklettert, überblickt den Strand von East Berlin, der sich in einem Bogen zwischen großen Steinformationen hinzieht. Besonders bei Ebbe und auflandigem Wind, der die Mücken aus dem Hinterland abhält, kann man hier entspannte Stunden verbringen. Im Spätsommer und Herbst erreicht das Wasser auch angenehme Badetemperatur. Wer Bewegung liebt, kann dem Strand entlang ausgedehnter Felsformationen nach Ragged Harbour folgen. Dieser stark zerklüftete Küstenabschnitt vermittelt einen Eindruck von der Wildheit der Küste, wie sie sich den Siedlern aus Europa bereits vor 250 Jahren darbot, als sie von ihren Schiffen aus nach Häfen und bebaubarem Land suchten und sich dieses mit Namen wie Blueberry und Pudding Pan vermutlich schön redeten.

Traumstrand in East Berlin mit Blick in Richtung Afrika

INFO

Lage: East und West Berlin liegen an der Lighthouse Route ungefähr 12 km östlich von Liverpool.

Anfahrt: Von Liverpool aus folgt man der Straße Nr. 3, im Stadtteil Brooklyn biegt man nach rechts auf die Eastern Shore Road. Wer aus Richtung Halifax vom Highway 103 kommt, biegt am Exit 17A nach links ab und folgt am Ortsrand von Port Medway der Ausschilderung „West Berlin" nach rechts.

Hinweis: Für die felsigen Abschnitte sind feste Wanderschuhe angebracht; besonders bei windstillem Sommerwetter ist Mückenschutz zu empfehlen!

Unterkunft: Hotels, Motels und B&Bs in Liverpool.

South Shore West

Blick über die Barrington Bay

South Shore West

16. Versteckte Strände bei Port Mouton
17. Die Magie des Waldes erleben: „Hemlocks and Hardwood“
18. In Stein geritzt: Begegnung mit der Kultur der Mi'kmaq
19. Sandy Bay: am Strand fast allein
20. Unbekannte Geschichte: schwarze Loyalisten in Birchtown und Shelburne
21. Barrington: ein geschichtsträchtiger Abstecher
22. Cape Forchu Lighthouse

Bay of Fundy
17
18
Kejimkujik National Park
Kejimkujik
National Park
Lake
Rossignol
16
Port Mouton
19
Sandy Bay
22
Cape Forchu
20
Birchtown
21
Barrington
Clark's Harbour
Atlantic Ocean

16. Versteckte Strände bei Port Mouton

Die Küste der South Shore ist durch zahlreiche größere und kleinere Buchten, felsige und bewaldete Halbinseln und wunderschöne Strände strukturiert. Der Atlantik mit seinen Gezeiten und den teils starken Strömungen arbeitet intensiv an ihrer Erscheinungsform. Das lässt sich besonders gut in der Bucht von Port Mouton mit ihren zwischen hellen Granitfelsen versteckten Stränden ausmachen.

Port Mouton erhielt seinen Namen bereits vor 400 Jahren von Samuel de Champlain, nachdem hier ein Schaf (frz.: *mouton*) nach langer Schiffsfahrt über Bord sprang, ans Ufer schwamm und vermutlich das Weite suchte. Schafe wird man heute hier allerdings nicht mehr sehen, aber helle Sandstrände, türkis-farbiges Wasser und Granitfelsen, die von in der Sonne glitzernden Glimmerstreifen durchzogen sind. Gleich hinter den Stränden beginnt ein dichter Buschwald aus Sträuchern, Fichten, Kiefern und verschiedenen Laubgehölzen.

Champlains Bull Point

Nebel zieht in die Port Mouton Bay

Man fährt durch Central Port Mouton bis nach South West Port Mouton und biegt kurz vor dem Ende des Ortes nach links in die kurze Wharf Road ab. Dort kann man sein Auto abstellen und über einige kleinere Felsen zum Strand hinunterklettern. Nun ist es der eigenen Lust und Laune überlassen, ob man ein Stück den Strand entlang spaziert oder sich gleich im sauberen hellen Sand niederlässt. Jedoch ist hier das Wasser, außer an sonnigen Tagen im Spätsommer, ziemlich kühl. Folgt man dem Strand nach rechts in Richtung Südost, erreicht man nach dem Übersteigen von durch die Brandung rundgeschliffenen Felsgruppen weitere wunderschöne kleinere sichelförmige Strandbuchten, die schließlich zu einem wuchtigen, teils von Wald bedeckten Felsen führen, der seit mehr als 400 Jahren Bull Point heißt. Hier hatten einst die französischen Entdecker um Champlain und Dugua de Mons eines ihrer Camps errichtet. Man befindet sich also auf historischem Boden. Die gesamte Küste war natürlich bereits seit Tausenden von Jahren von den Mi'kmaq bewohnt. Die den Stränden gegenüberliegenden Inseln, die Champlains Schiffen damals Schutz vor dem Ozean geboten hatten, sind nur mit dem eigenen Boot oder Kajak erreichbar.

Fährt man zurück in den Ort und dort die Burgess Road hinab, erreicht man einen weiteren kleinen Strand. Vor dem letzten Haus auf der linken Seite führt ein Pfad nach Norden über eine inzwischen teils bewaldete Sanddüne zum Wobamkek Beach, einem langen Sandstrand. Er erstreckt sich etwa einen Kilometer lang nach Nordwesten und trifft dort auf den bekannten Carters Beach, der besonders im Sommer viel besucht wird.

INFO

Lage: Port Mouton liegt an der South Shore ca. 20 km südwestlich von Liverpool.

Anfahrt: Highway 103, Exit 21, bzw. Straße Nr. 3.

Hinweis: Da man am Ufer immer wieder über kleinere Felsgruppen steigen muss, sollte man gut zu Fuß sein! Für alle Strände um Port Mouton gilt, dass sie nicht bewirtschaftet sind und über keine Toiletten und Umkleidemöglichkeiten verfügen.

Unterkunft: Hunts Point Beach Cottages, 6739 Hunts Point, direkt am Strand, *huntspointbeach.ca*; White Point Beach Resort in White Point, *www.whitepoint.com*; u.a.

17. Die Magie des Waldes erleben: „Hemlocks and Hardwood“

Nova Scotias ausgedehnte Waldgebiete sind leider kaum unberührt, sondern zu großen Teilen „second-growth forest“ (in Amtsdeutsch: Sekundärwald), denn schon vor mehr als hundert Jahren wurde weithin großflächig abgeholzt. Ein Wanderweg im Kejimkujik National Park führt jedoch in eines der wenigen Areale mit naturbelassenem Wald.

Der Wanderweg *Hemlocks and Hardwoods* startet am Parkplatz von Big Dam im Norden des Nationalparks. Anfangs geht es über einen überwiegend mit Splitt aufgefüllten, zumeist recht bequemen Pfad durch einen Bestand mit jungem akadischen Forst, vor allem Ahorn, Birken und Kiefern, die nach einem länger zurückliegenden Forstfeuer teilweise schon eine beachtliche Größe erreicht haben. Bald kommt man in einen Bereich mit abgestorbenen und teilweise umgestürzten Großzähnigen Pappeln. Einst, nach einem Feuer, gehörten sie hier zu den Pionierpflanzen, nun aber ist ihre Lebensdauer überschritten. Das dadurch von oben eindringende Licht ermöglicht, dass hier auch junge Weymouthskiefern und andere Bäume eine Chance bekommen.

Seltener alter Baumbestand

Informative Tafeln entlang des Trails

Die schönen Birken, Eichen, Eschen, Ahornbäume, Balsamtannen und Kiefern im folgenden Abschnitt recken sich bereits hoch in den Himmel. Der Waldboden ist hier reichhaltig bewachsen. Nicht nur Farne, Pilze, Kräuter und Sträucher profitieren vom Sonnenlicht, das durch dem lichten Mischwald dringt; auch die nächste Baumgeneration hat hier Chancen. Auffällig sind die Flechten an vielen Bäumen. Sie sind Indikatoren für die gesunde, nicht verschmutzte Luft in der Region.

Der Weg wechselt bald in eine Übergangszone, wo unterhalb einiger Laubbäume Hemlocktannen herangewachsen sind, eine in Nova Scotia heute leider seltene Baumart, wiewohl es vor 200 Jahren noch riesige Bestände davon gab. Mit ihren relativ kurzen, ungleich großen Nadeln und asymmetrischen Verzweigungen unterscheiden sie sich deutlich von Balsamtannen.

Schließlich wird der Pfad zum Boardwalk, der sich nun durch einen Wald windet, wie man ihn nirgendwo anders findet. Durch das Baumkronendach über den säulenartigen Stämmen fällt nur gedämpftes Licht. Majestätische Hemlocktannen, die größten davon 300 bis 400 Jahre alt und mehr als 30 Meter hoch, flößen Ehrfurcht ein. Nur wenige Kräuter und Sträucher wachsen auf dem überwiegend mit Nadeln bedeckten Boden, der hier kühl und feucht ist. Dafür breiten sich besonders um bereits umgestürzte, tote Bäume herum großflächig Moose aus. Diese Bedeckung wiederum ist der ideale Nährboden für die Sämlinge der Hemlocktannen.

Damit die empfindlichen flachliegenden Wurzeln dieser Baumriesen und der fragile Bodenbewuchs nicht beschädigt werden, ist es hier geboten, stets auf dem Boardwalk zu bleiben.

Wo die extrem flach wurzelnden Hemlocktannen Opfer von Stürmen wurden, haben Eschen, Ahorn und Gelbbirken ihre Chance bekommen, von denen man nun bald einige besonders große und schöne Exemplare zu Gesicht bekommt. Der naturbelassene Wald bietet Nahrung und Schutz für eine Vielzahl von Tieren – darunter verschiedene Singvögel, Hasen, Hirsche, aber auch Amphibien, Reptilien und Wirbellose, die

Moosdecke unter Hemlocktannen

Bewundernswerter Baum!

man mit Glück auf der Wanderung sehen kann. Die faszinierende Geschichte des hier tatsächlich natürlich, ohne menschliche Einflussnahme gewachsenen Waldes wird durch Informationstafeln an verschiedenen Wegabschnitten nachvollziehbar.

INFO

Lage: Der Kejimkujik National Park liegt im Inland an der Straße Nr. 8, *parks.canada.ca/pn-np/ns/kejimkujik*

Öffnungszeiten: ganzjährig, von Ende Oktober bis Mitte Mai ohne Parkservice, kein Winterdienst.

Hinweis: Am Parkeingang ist der übliche Eintritt in den Nationalpark zu entrichten, man erhält eine Broschüre mit Karte, auf der alle Wanderwege verzeichnet sind.
Hemlocks und Hardwood ist ein Rundwanderweg, gut 5 km lang und man sollte 1 – 2 Stunden dafür einplanen. Im Sommer ist Schutz gegen Moskitos und Blackflies erforderlich; nach der Wanderung sollte man Kleidung und Haut nach Zecken absuchen.

Unterkunft: Kempt Country Inn, 5 km südöstlich vom Parkausgang an der Straße Nr. 8, *kemptcountryinn.com*;
Mersey River Chalets nördlich vom Parkausgang abseits der Straße Nr. 8, *merseyriverchalets.com/mrc*

Camping: Einige Wildnis-Campingplätze in der Nähe des Startpunkts; Jeremy's Bay Campground im Nationalpark, *parks.canada.ca/pn-np/ns/kejimkujik/activ/camping/jeremys*

18. In Stein geritzt: Begegnung mit der Kultur der Mi'kmaq

Der Kejimkujik National Park schützt nicht nur eine außergewöhnlich schöne Natur, sondern als National Historic Site auch eine Kulturlandschaft, in der die ersten Bewohner, die Mi'kmaq, seit Tausenden Jahren ihre Spuren hinterlassen haben – unter anderen mit Petroglyphen (Steinritzungen), die man nur mit einer geführten Tour erreichen kann.

Einführung durch einen Mi'kmaq-Tourguide

Manchmal nur schwer zu entdecken: Petroglyphen

Die meisten historischen Stätten der Mi'kmaq innerhalb des Parks – frühere Wohnplätze, Fischfallen, Jagdgebiete, ehemalige Routen durch die Wildnis und ein Begräbnisplatz – sind kaum erkennbar und auch nicht für Besucher zugänglich. Von vier Stellen mit insgesamt fast 500 Petroglyphen ist lediglich eine mit einer geführten Tour erreichbar, doch auch die liegt in einem Sektor des Parks, der normalerweise für Besucher gesperrt ist.

Ein Mitglied der lokalen Mi'kmaq First Nation, das als Tourguide für *Parks Canada* arbeitet, beginnt die Führung an einem Gedenkstein bei Merrymakedge, einem Platz nahe des Lake Kejimkujik. Danach geht es auf einen Pfad in den Wald. Schilder weisen darauf hin, dass dieser Weg gesperrt ist – für Teilnehmer an der Führung gilt natürlich eine Ausnahme.

Bestandteil der Tour sind Informationen über die frühere Lebensweise der Mi'kmaq, die seit über 4000 Jahren in diesem Gebiet leben. Mit verschiedenen Artefakten wird dies anschaulich gemacht, ob Gefäße aus Birkenrinde, aus dünnen Holzspänen geflochtene Behälter oder Fundstücke wie Steinwerkzeuge aus den archäologischen Stätten im Park. Wer über den See blickt und an die Landkarte Nova Scotias denkt, dem fällt es sicher nicht schwer nachzuvollziehen, dass hier einst ein Kreuzungspunkt im Netzwerk der Flüsse und Seen war, die die Bay of Fundy mit der Südküste Nova Scotias verbinden – für die Mi'kmaq mit ihren Birkenrindenkanus als Wasserstraßen so wichtig wie für uns Autofahrer heute die Landstraßen und Autobahnen.

Die Petroglyphenstätte befindet sich direkt am Seeufer, und nun wird es anstrengend: wer die Felsritzungen sehen will, muss an den hier aufgestellten Sitzbänken Schuhe und Socken ausziehen, damit die empfindlichen Linien im weichen Stein, denen Wind, Wasser und Eis ohnehin schon zusetzen, nicht durch Steinchen an den Schuhsohlen beschädigt werden. Und dann läuft man direkt auf den Kunstwerken herum. Sie sind in die glatte Oberfläche einer Felsbank geritzt, die sich tief in den See erstreckt. Ohne die Hinweise des Tourguides wären die Felsbilder – besonders im hellen Sonnenlicht – kaum zu sehen, doch es ist erstaunlich, was das Benetzen mit etwas Wasser bewirkt: Auf einmal erkennt man Strichzeichnungen – Tiere, menschliche Figuren, Sterne, verschiedene Symbole, Kanus, sogar Segelschiffe. Die Erklärungen des Guides machen deutlich, dass sie alle im Zusammenhang damit stehen, was die Mi'kmaq einst gesehen und erlebt haben. Mehrere stammen aus dem 18. bzw. 19. Jahrhundert und zeugen vom Kontakt mit den Siedlern aus Europa. Andere sind viel älter, Archäologen schätzen einige davon als über 800 Jahre alt. Die Kunstwerke sind einzigartige Zeugnisse der Weltsicht der Mi'kmaq vor hunderten von Jahren und Ausdruck einer Kultur, von der außer Steinwerkzeugen, Projektilen und Keramikscherben nur sehr wenig überliefert ist.

Zwischen diesen wertvollen Petroglyphen sind leider auch neuzeitliche „Ergänzungen" zu sehen. Erst kürzlich haben Ignoranten ihre Initialen und dergleichen mehr eingeritzt, sodass es gute Gründe für die Beschränkung des Zugangs gibt.

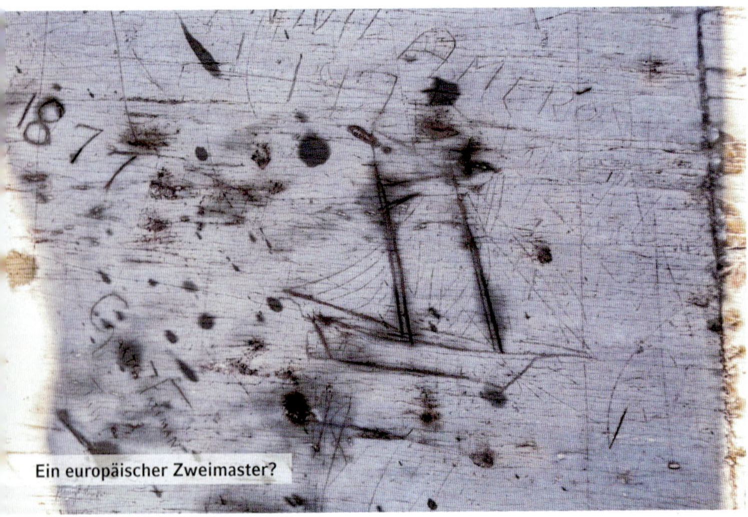

Ein europäischer Zweimaster?

INFO

Lage: Der Kejimkujik National Park liegt im Inland an der Straße Nr. 8, *parks.canada.ca/pn-np/ns/kejimkujik*

Hinweis: Am Parkeingang ist der übliche Eintritt in den Nationalpark zu entrichten. Führungen finden im Juli/August täglich, sonst auf Anfrage statt, Dauer: ca. 90 Minuten. Eine Anmeldung im Visitor Centre oder per Telefon (1-902-682-2772) ist erforderlich. Am Kiosk bei Merrymakedge kann man einen Imbiss kaufen, hier gibt es auch Toiletten.

Unterkunft: Kempt Country Inn, 5 km südöstlich vom Parkausgang an der Straße Nr. 8, *kemptcountryinn.com*; Mersey River Chalets nördlich vom Parkausgang abseits der Straße Nr. 8, *merseyriverchalets.com/mrc*

Camping: Einige Wildnis-Campingplätze in der Nähe des Startpunkts; Jeremy's Bay Campground im Nationalpark, *parks.canada.ca/pn-np/ns/kejimkujik/activ/camping/jeremys*

19. Sandy Bay: am Strand fast allein

Abgelegen und etwas versteckt am Thomas Raddall Provincial Park liegt Sandy Bay, einer der schönsten Strände an der South Shore. Selten sieht man mehr als eine Handvoll Besucher. Nur an Wochenenden und Feiertagen im Sommer ist hier etwas Betrieb.

Der langgestreckte 1,5 Kilometer lange weiße Strand wird nur von wenigen Felsengruppen unterbrochen. Im Sommer kann man bei Ebbe parallel zum Strand durch das flache Wasser laufen und nach Muscheln

Halbinsel an der Sandy Bay

und Sanddollars suchen. Gleich hinter den Dünen beginnt ein dichter Küstenwald, der von Teichen und Marschwiesen durchsetzt ist.

Die Sandy Bay ist Teil der Port Joli Bay. Hier unterhielten die Mi'kmaq seit vielen Jahrhunderten Sommercamps, wie bereits der Namensgeber für den Park, der Autor historischer Bücher Thomas Raddall, beschrieb. Erst in jüngster Zeit haben Archäologen wieder neue, detaillierte Nachweise dafür gefunden. 1604 wurde diese Küste von Samuel de Champlain erreicht, der sie kartografierte und bereits Ortsnamen vergab wie Port Mouton, Port L'Hebert und eben auch Port Joli.

Alexander McDonald, ein loyalistischer Auswanderer aus den USA, war 1786 der erste Siedler, der sich nahe der Sandy Bay niederließ und eine ganze Dynastie von McDonalds begründete. Überreste seines Hauses und das Wohnhaus seines Urenkels sind noch heute am Weg vom Parkplatz zum Strand zu sehen. Die Männer verdienten den Unterhalt für die Familien vorwiegend als Küstenfischer und Farmer auf dem eigenen Land. Ein kleiner Friedhof am Wegesrand erinnert an die Verstorbenen, deren Land heute einen großen Teil des Thomas Raddall Provincial Park ausmacht. Weiter östlich, entlang des Herring Rock, sind noch Reste von Anlegestellen zu erkennen.

Der Strand der Sandy Bay ist ca. 500 Meter vom Parkplatz für die Tagesbesucher entfernt. Hier befinden sich auch einfache Toiletten und Umkleidekabinen. Man ist von der Schönheit des Strandes überrascht. Feiner heller Sand führt gleich rechts zu einer kleinen felsigen Halbinsel. Von dort hat man eine herrliche Aussicht auf die Bay und die

Das Farmhaus der MacDonalds

gegenüberliegende Halbinsel mit dem Seaside Adjunct des Kejimkujik National Park. Mit etwas Glück kann man Robben und auch Adler beim Fischfang beobachten. Im Frühjahr und Herbst kommen sogar Schwarzbären aus dem Wald ans Ufer, um nach Nahrung zu suchen. Gelegentlich kann man dann ihre Spuren sehen, bevor sie von der nächsten Flut wieder verwischt werden. Im Frühsommer nisten hier die stark gefährdeten *Piping Plovers* (Gelbfuß-Regenpfeifer), von denen es 2022 in ganz Nova Scotia nur noch 40 Brutpaare gab, um deren Erhalt große Anstrengungen unternommen werden.

Malerisch gelegener Teich hinter dem Strand

Je nach Zeit und Lust und Laune kann man am Strand spazieren gehen oder das etwas frische Wasser des Atlantiks für ein Bad ausprobieren. Große Teile des Strandes sind übrigens Privatland, das zwar betreten werden darf, aber mit der entsprechenden Rücksicht genutzt werden sollte. Es gilt daher: „Take only pictures, leave only footprints!"

Unweit des Strandes führen verschiedene Wanderwege von insgesamt 12 Kilometer Länge durch den Provincial Park, der 82 Stellplätze für Camper und Zelte hat, von denen man auf kurzen Wegen das Ufer erreichen kann.

INFO

Lage: Die Sandy Bay liegt 30 km entfernt südöstlich von Liverpool.

Anfahrt: Vom Highway 103, Exit 22 auf Straße Nr. 3 durch Port Joli, dann der Ausschilderung folgend auf die Port L'Hebert Road nach Süden und dort nach links zum Thomas Raddall Provincial Park abbiegen.

Hinweis: Der Thomas Raddall Provincial Park und damit auch Sandy Bay sind nur in der Saison von Mitte Mai bis Anfang Oktober zugänglich.

Unterkunft: White Point Beach Resort in White Point, *whitepoint.com*; MacKenzies Motel in Shelburne, *mackenzies.ca*

Camping: im Thomas Raddall Provincial Park (im Hochsommer Reservierung empfohlen).

20. UNBEKANNTE GESCHICHTE: SCHWARZE LOYALISTEN IN BIRCHTOWN UND SHELBURNE

Aus europäischer Sicht hat Nova Scotia eine sehr junge Besiedlungsgeschichte, die in ihrer Komplexität allerdings wenig bekannt ist. Ein neues und sehenswertes Museum in Birchtown will das in Bezug auf die sogenannten „Black Loyalists" ändern.

Die Geschichte Kanadas und auch die von Nova Scotia ist vielgestaltiger, als ein erster flüchtiger Eindruck vermittelt. Natürlich denkt man zuerst an die First Nations, wie die sogenannten Indianer in Kanada genannt werden, und an die französischen und britischen Siedler, die hauptsächlich vom 17. bis 19. Jahrhundert ankamen. Weniger bekannt ist die Ansiedlung sogenannter Loyalisten. Dies waren Auswanderer aus den USA, die der britischen Krone loyal ergeben waren und deshalb nach der amerikanischen Revolution in die britischen Kolonien flüchteten. Unter ihnen waren mehr als 3000 Schwarze – Sklaven und auch einige freie Bürger – die sogenannten *black loyalists*. Das *Book of Negroes* ist ein historisches Dokument, das die Namen dieser Flüchtlinge auflistet, die sich in Nova Scotia als freie Bürger ansiedeln konnten.

Birchtown ist eine kleine Ortschaft in der Nähe von Shelburne und heute eine *National Historic Site*. Hier wurden 1783 die ersten aus den USA geflüchteten Afroamerikaner angesiedelt, wobei „Siedeln" zunächst nicht mehr hieß, als sich ein Erdloch zu graben und es mit Holz, Grassoden,

Das *Black Loyalist Heritage Centre*

Eindrücklich gestaltete Ausstellung

Zweigen und Blättern aus dem Wald notdürftig abzudecken. Ein Lehrpfad um das neu eröffnete Museum, das *Black Loyalist Heritage Centre*, zeigt auch die Replik einer solchen Erdhütte. Sieht sie im Sommer noch ganz abenteuerlich aus, möchte man jedoch weder einen Regen- noch gar einen Wintertag darin verbringen, geschweige denn mehrere Jahre!

Bei Ausgrabungen gefundene Artefakte

Das *Black Loyalist Heritage Centre* ist ein moderner Gebäudekomplex mit Ausstellungs- und Veranstaltungsräumen. Gleich am Eingang erhält jeder Besucher eine kleine Karte mit dem Namen von einem der Flüchtlinge, um sich anhand des individuellen Schicksals dieser konkreten Person auf eine Tour durch die Ausstellung zu begeben. Stephen Blucke war einer von ihnen. 1752 als Sklave geboren, wurde er Soldat, später Colonel einer militärischen Einheit von schwarzen Soldaten. Nach dem Ende des Unabhängigkeitskrieges wurde er Lehrer in Birchtown und gilt heute als der Begründer der afroamerikanischen Gemeinschaft in Nova Scotia. An fünf Stationen beim Rundgang durch die Ausstellung erfährt man Details aus seinem Leben – oder von einem der anderen Flüchtlinge, je nachdem, welcher Name auf der überreichten Karte steht.

Vor einer großen Fensterfront befindet sich ein begehbarer Glasboden, unter dem sich, etwa ein Meter tiefer, ein Feld voller Steine befindet, zwischen denen Tafeln mit Namenslisten der Flüchtlinge liegen. Eine beeindruckende Szenerie, der man sich nur schwer entziehen kann. Interaktive Displays in der Halle geben vielfältige Informationen über die Loyalisten, über den Ort Birchtown und über die Beziehungen zu

Ehemalige Schule der Black Loyalists

Replik einer Erdhütte der Flüchtlinge

den weißen Siedlern im benachbarten Shelburne, die zu bestimmten Zeiten äußerst angespannt waren. Im Juli 1784 kam es in Shelburne zu tagelangen Gewaltausbrüchen einer Gruppe weißer Siedler gegenüber den *black loyalists*, die sich erst durch den Einsatz von Militär beenden ließen. Das waren die ersten Unruhen aus rassistischen Motiven in Kanada. In der Folge davon wanderten viele der Schwarzen nach Sierra Leone aus. Doch auch in den Jahrzehnten danach kam es immer wieder zu gewalttätigen Aktivitäten. Der *Ku-Klux-Klan* war auch in Nova Scotia aktiv, und Rassismus gegen farbige Minderheiten ist hier noch heute anzutreffen, was zeigt, welche wichtige Aufgabe das *Black Loyalist Heritage Centre* zu erfüllen hat.

Ein kurzer Spaziergang zum ehemaligen Friedhof an der Bucht von Birchtown zeigt die wunderschöne Umgebung des Ortes und hilft, etwas Abstand zu den schwierigen, aber auch heute noch notwendigen Themen des Museums zu gewinnen.

INFO

Lage: Birchtown liegt ca. 5 km südwestlich von Shelburne an der Straße Nr. 3 (Lighthouse Route).

Anfahrt: Vom Highway 103 am Exit 26 fährt man zur Straße Nr. 3 nach Südwesten; in Birchtown biegt man in die Old Birchtown Road und folgt der Ausschilderung.

Öffnungszeiten: ganzjährig, Juni bis Mitte Oktober täglich 10-17 Uhr, sonst 9-16 Uhr; Eintritt: 9 CAD. Black Loyalist Heritage Centre, *blackloyalist.novascotia.ca*

Unterkunft: Boulder Cove Cottages, 119 Boulder Cove Rd E in Birchtown, *www.bouldercove.com*; Motels in Shelburne.

Camping: The Island Provincial Park nahe Shelburne, *parks.novascotia.ca/content/islands*

21. Barrington: ein geschichtsträchtiger Abstecher

Vor wenigen Jahren führte der Highway 103 noch durch den Ort, was schlecht für seine Bewohner, aber gut für die örtlichen Museen war. Barrington hat wohl in Nova Scotia die meisten Museen pro Einwohner. Grund genug, dem Ort einen Besuch abzustatten.

Der Ort Barrington blickt auf eine über 250 Jahre alte Geschichte zurück. Bereits 1760 hatten sich acht Familien aus Neuengland hier an der Mündung des Barrington River in die gleichnamige Bay angesiedelt. Der Name „Barrington" geht auf William Barrington, den 2nd Viscount Barrington, zurück. Er war ein britischer Politiker des 18. Jahrhunderts, der vor allem während des Siebenjährigen Krieges und des Amerikanischen Unabhängigkeitskrieges eine wichtige Rolle in der britischen Regierung spielte.

Heute hat der kleine Ort vier Museen, die ganz unterschiedliche Interessen der Besucher ansprechen können. Auf der Hauptstraße (Straße Nr. 3) erreicht man an der Brücke über den Barrington River das *Old Woolen Mill Museum*, das den Besucher in das 19. Jahrhundert versetzt. Durch die Wasserkraft des Flusses angetrieben, konnte man

Das *Old Woolen Mill Museum*

hier – um ein Vielfaches schneller als mit der Hand – Schurwolle von Schafen waschen, kardieren (ausrichten) und zu Garn spinnen, anschließend färben und auf Webstühlen zu warmen Wollstoffen verarbeiten. Noch vor wenigen Jahrzehnten gab es auch in vielen Dörfern und Städtchen Deutschlands kleine Familienbetriebe, die auf diese Weise Wolle verarbeiteten. Das Museum bietet interessante Einblicke in nahezu ausgestorbene Berufe, denn heute werden Stoffe zumeist in vollautomatischen Fertigungsstätten hergestellt.

Das alte *Meeting House*, dahinter das Militärgeschichtliche Museum

Gleich an der nächsten Straßenbiegung steht eines der ältesten Gebäude von Nova Scotia. Das heutige *Old Meeting House Museum* stammt von 1771. Es diente als Versammlungshaus und ab 1776 gleichzeitig als Kirche. Der Stil des Gebäudes entspricht den von Neuengland bekannten einfachen zweistöckigen Häusern mit zentralem Eingang, je zwei Fenstern links und rechts der Tür und drei Fenstern im Obergeschoss. Das Innere erinnert mit seiner Strenge eher an eine Kirche als an einen entspannten Ort, um die Belange des Dorfes zu diskutieren. Neben dem Gebäude liegt der alte Friedhof mit schönen, manchmal stark verwitterten Grabsteinen, deren ältester schon aus dem Jahr 1766 stammt und an eine junge Frau mit Namen Lettice Doane erinnert. Dieses Grab befindet sich in der Nähe der Hecke zum Nachbargrundstück.

Nur wenige Meter weiter steht auf einem Hügel ein kleiner Leuchtturm – das *Seal Island Lighthouse Museum*. Es handelt sich um eine Replik,

Das Leuchtturm-Museum ...

... mit einer alten Fresnel-Linse

die den originalen oberen Teil des ehemaligen Leuchtturms von Seal Island trägt. Drinnen kann man sich anhand der ausgestellten Objekte etwas zur Geschichte der Leuchttürme um Barrington erzählen lassen. Eine Besteigung des Turms sollte man sich keinesfalls entgehen lassen. Ganz oben ist der mächtigen Glaskörper der Fresnel-Linse mit seinen Prismen und den farbigen Spiegelungen in den Spektralfarben zu bewundern. Eine Etage tiefer bietet ein Umgang im Freien eine schöne Aussicht über den Ort und die Bay. Außen am Leuchtturm liegt der große, bereits stark verwitterte Wirbelknochen eines Wals – auf den Unkundigen wirkt er wie ein seltsam geformter Felsbrocken.

Auf dem historischen Friedhof in Barrington

Wer an Militaria interessiert ist, kann das vierte Museum Barringtons besuchen. Im Old Court House, ebenfalls an der Straße Nr. 3, werden – neben einer kleinen Sammlung von lokalen Artefakten der Mi'kmaq – nahezu 4000 militärische Gegenstände aufbewahrt, von Kanonenkugeln aus dem 17. Jahrhundert bis zu Objekten aus dem Zweiten Weltkrieg.

Nach all dem Musealen empfiehlt sich zur Entspannung ein Picknick vor dem Leuchtturm – oder eine Fahrt auf die nahegelegene Insel Cape Sable Island, an deren Südostseite man den langen Strand „The Hawks“ genießen kann.

INFO

Lage: Barrington liegt zwischen Liverpool und Yarmouth an der Straße Nr. 3, der Lighthouse Route.

Anfahrt: Vom Exit 29 des Highway 103 führt die Straße Nr. 3 direkt in den Ort.

Öffnungszeiten der Museen: Juni – September Mo-Fr 9:30-16:30, So ab 13 Uhr, Eintritt 5 CAD bzw. freiwillige Spende; *www.barringtonmuseumcomplex.ca*

Unterkunft: Salty Shores Inn & Café, 3533 Route 3, Barrington Passage, *salty-shores.ca*; B&Bs in der Umgebung; Hotels, Motels in Shelburne bzw. Yarmouth.

Camping: Clyde River Cottages & Campground, 2461 Upper Clyde Road in Clyde River, *www.clydervercottages.com*

22. CAPE FORCHU LIGHTHOUSE

Weit im Westen von Nova Scotia steht der markante Leuchtturm von Cape Forchu auf einem wuchtigen Felsblock, der vor 200 Millionen Jahren Teil des heutigen Kontinents Afrika war. Die unruhigen und gefährlichen Gewässer um das Kap sind für den Untergang vieler Schiffe verantwortlich, was 1839/1840 zum Bau eines Leuchtturms führte.

Die Bezeichnung für das Kap geht vermutlich auf Samuel de Champlain zurück, der 1604 als erster Europäer hier vorbeikam und dem gegabelten

Erprobt in Sturm und Nebel: der Leuchtturm von Cape Forchu

(frz.: *fourchu*) Kap den noch heute genutzten Namen verpasste. 235 Jahre später errichtete man den ersten Leuchtturm, um den vielen Schiffen, die hier in Gefahr gerieten, den Weg in den sicheren Hafen zu erleichtern. Knapp 70 Jahre später wurden die zehn kreisförmig angeordneten Öllampen des Turms durch eine technische Innovation ersetzt, die das Licht viel weiter und mit größerer Leuchtkraft auf das Meer schicken konnte. Der Franzose Augustin-Jean Fresnel hatte schon im frühen 19. Jahrhundert eine Technik entwickelt, mittels der aus präzise berechneten prismatischen Glaskörpern Linsensysteme gebaut wurden, die besonders für Leuchttürme geeignet waren. Die ab 1908 auf Cape Forchu eingesetzte

Fresnel-Linse befindet sich heute im *Yarmouth County Museum* und überragt mit ihrer gläsernen Schönheit dessen Hauptraum. Früher hatte sie ihr Licht 32 Kilometer weit aufs Meer geschickt.

Französische Ingenieurskunst par excellence – die alte Fresnel-Linse

Die Anfahrt zum Leuchtturm bietet reizvolle Ausblicke auf Yarmouth Harbour mit dem Fährhafen und auf den kleinen Fischereihafen in Yarmouth Bar – was eine Ortsbezeichnung ist und kein Ausschank alkoholischer Getränke! Nach wenigen Minuten erreicht man das Kap. Die Straße windet sich einen Hügel mit Ferienhäusern hinan und dann steht da der Leuchtturm auf einem Felsplateau – wenn er sich nicht gerade hinter einem grauweißen Schleier aus Nebel versteckt. Vom Parkplatz geht es noch einige Meter steil bergan, bis man die unglaublich schöne Aussicht auf das Meer und die Umgebung genießen kann. Bei starkem Wind aber gelangen die Spritzer der Wellen bis hoch hinauf, und dann bekommt man eine Vorstellung von der gewaltigen Kraft, mit der das Meer an den Felsen des Kaps nagt. Das dunkle Felsmassiv, auf dem der neue 1962 errichtete Leuchtturm aus Beton und die Nebengebäude stehen, ist vulkanischen Ursprungs und mit Konglomeratgestein durchsetzt. Die Geologen sind der Ansicht, dass das Kap bei prähistorischen Ausbrüchen von Unterwasservulkanen entstanden ist und infolge der Kontinentaldrift während Millionen Jahren vom heutigen Nordafrika aus auf seinige jetzige Position gelangte.

Vor einigen Jahren entstand um den Leuchtturm herum der *Leif Erikson Park* mit Spazierwegen, Picknickplätzen und Bänken. In der Feriensaison informiert ein kleines Museum über die Geschichte des Leuchtturms, seine Wärter und die umgebende Landschaft; auch Andenken werden angeboten. Im *Keepers Kitchen* kann man sich mit Snacks und Getränken bewirten lassen.

INFO

Lage: Der Leuchtturm von Cape Forchu liegt auf einer Landspitze 12 km südwestlich von Yarmouth, *capeforchu.com*

Anfahrt: Von Yarmouth aus fährt man über die Straßen Nr. 1 und Nr. 304 zum Leuchtturm.

Hinweis: Das Klettern auf den Felsen am Kap ist bei stürmischem und feuchtem Wetter lebensgefährlich, man sollte dann keinesfalls die Wege verlassen. Es hat hier schon tödliche Unfälle gegeben.

Unterkunft: NovaStar Motel am Milo Lake, Dayton, *novastarmotel.ca*, sowie diverse Hotels in Yarmouth.

Camping: Ellenwood Provincial Park nahe Straße Nr. 340 bei South Ohio, *parks.novascotia.ca/park/ellenwood-lake*

Acadian und Fundy Shore

Der Leuchtturm am westlichsten Ende von Nova Scotia

Acadian und Fundy Shore

23. Die kleinste Zugbrücke der Welt und der Sandstrand von Port Maitland
24. Rote Felsen an der St. Marys Bay
25. Küstenwanderung zwischen Leuchttürmen
26. Bear River: versteckt im Tal und voller Überraschungen
27. Hinter North Mountain: Hall's Harbour und Huntington Point
28. Cape Split: spektakulärer Abschluss von North Mountain

NEW
BRUNSWICK
28
Cape Split
27
Hall's Harbour
Bay of Fundy
26
Bear River
24
Red Head
25
Brier Island
23
Port Maitland
Atlantic Ocean

23. Die kleinste Zugbrücke der Welt und der Sandstrand von Port Maitland

In der Nähe von Yarmouth liegt der kleine Fischerort Sandford mit seiner bekannten Zugbrücke, einer technischen Kuriosität. Nicht weit davon lädt der lange und besonders breite Strand von Port Maitland zum Baden und Spazierengehen ein.

Die hohen Gezeitenunterschiede in Nova Scotia bringen für die Fischer besondere Herausforderungen mit sich, denen sie sich mit viel Kreativität stellen. Der Hafen von Sandford liegt zu beiden Seiten einer schmalen Einbuchtung, die sich nach innen zu einem natürlichen Bassin weitet. An

der engsten Stelle des Hafens ermöglicht eine Brücke, dass Fußgänger von der einen auf die andere Seite wechseln können, ohne den langen Umweg um das Bassin zu machen. Für die immer größer werdenden Fischerboote reichten mit der Zeit die wenigen Liegeplätze im vorderen Teil des Hafens nicht mehr aus. Deshalb ersetzte man vor etwa 100 Jahren die alte Fußgängerbrücke durch eine hoch aufragende Zugbrücke. Dadurch können die Fischerboote auch im hinteren Teil des Hafens anlegen – allerdings immer nur bei Flut. Bei Ebbe liegen die Schiffe dort zwar auf dem mehr oder weniger trockenen Grund, doch mit der nächsten Flut können sie problemlos wieder das offene Meer erreichen. Sind die Aufbauten der Boote zu hoch, wird die Zugbrücke für kurze Zeit vollständig geöffnet, und die Fußgänger müssen warten.

Die wohl kleinste Zugbrücke der Welt

Maritime Wandmalerei in Sandford

Die Zugbrücke von Sandford soll die kleinste Zugbrücke der Welt sein – zumindest ist sie die kleinste, die noch in Betrieb ist. Grund genug also, sie mit einem Besuch zu würdigen. Der alte und kleinere Teil des Hafens mit seinen Holzdocks und Bootsschuppen bietet in seiner Mischung von Funktionalität und morbidem Verfall auch darüber hinaus viele reizvolle Fotomotive, insbesondere bei niedriger Tide.

Etwa 10 Kilometer von Sandford entfernt befindet sich in Port Maitland ein weiterer interessanter Fischereihafen, der aber größer und durch drei moderne Molen gegen die Stürme des Atlantiks gut geschützt ist. Gleich neben dem Hafen beginnt ein langer und bei Ebbe breiter Sandstrand, der zum Port Maitland Provincial Park gehört. Hinter der Küste, von der Holztreppen hinab zum Strand führen, befindet sich eine große, durch Sträucher und Wildrosen etwas geschützte Grasfläche mit Picknicktischen, Toiletten, Umkleidekabinen und Parkplätzen. Der Strand ist in den Sommermonaten sogar überwacht, was besonders für Kinder und

Nichtschwimmer eine größere Sicherheit bedeutet. Sollte gerade kein Badewetter sein, kann man den Strand auch zu einem langen sportlichen Spaziergang oder zur Vogelbeobachtung nutzen.

Bereit zum Baden und Wandern: Port Maitland Beach

INFO

Lage: Sandford und Port Maitland liegen 11 bzw. 22 km nördlich von Yarmouth.

Anfahrt: Sandford ist von der Straße Nr. 1 (Evangeline Trail) aus über verschiedene Landstraßen in Richtung Meer erreichbar; Port Maitland liegt 11 km weiter nördlich direkt an der Straße Nr.1.

Unterkunft: Au Havre Du Capitaine, 9118 Highway 1 in Meteghan River, *www.havreducapitaine.ca/*; Hotels/Motels in Yarmouth.

Camping/Cottages: Lakebreeze Campground, 2560 Highway 1 in Darlings Lake, *lakebreezecampground.ca*;
Ellenwood Provincial Park bei South Ohio abseits der Straße Nr. 340, *parks.novascotia.ca/park/ellenwood-lake*

24. ROTE FELSEN AN DER ST. MARYS BAY

Nicht weit von Digby befindet sich einer der schönsten Uferabschnitte Nova Scotias: Die felsige Steilküste bei Red Head.

Die roten Felswände in der Nähe von Rossway werden bei der Fahrt entlang des Digby Neck meist nicht wahrgenommen, da man die Boote zur Walbeobachtung auf Long oder Brier Island rechtzeitig erreichen will. Wer sich jedoch Zeit nimmt und auf den Inseln oder in Digby übernachtet, kann hier bei Ebbe einen besonders schönen und geologisch interessanten Strand erkunden.

Kurz hinter Rossway an der Straße 217 gelangt man über eine kurze nicht bezeichnete Stichstraße nach links zu einem längeren Strandabschnitt an der St. Marys Bay. Eine stark verwitterte und morsche Steganlage reckt sich hier in die Bucht. Seevögel bevölkern kleinere Felsen im sicheren Abstand vom Ufer. Wendet man den Blick nach links in Richtung Osten, fällt eine stetig ansteigende Felswand aus rötlichem Gestein auf. Die sogenannte *Seawall*, die am Red Head eine Höhe von über 22 Meter erreicht, besteht aus schräg liegenden Schichten von 200 Millionen Jahre altem Sandstein. In einer kurzen Wanderung von ein bis anderthalb Stunden kann man diesen Strandabschnitt zumindest bei niedriger Tide auch trockenen Fußes erkunden. Sandige Abschnitte wechseln sich mit felsigen ab. Zu Füßen der rot gefärbten Steilwand liegen Felsbrocken in unterschiedlichen Farben und Größen, die infolge der Erosion durch Wasser und Wind von der Steilküste abgebrochen sind. Treibholz und die Reste von gleichfalls abgestürzten Fichten und Kiefern bilden bizarre Holzskulpturen. Man sollte gut zu Fuß sein, da eine ausreichende Trittsicherheit auf den oft rutschigen Steinen von Nöten ist.

Das Felskap Red Head

Der geschichtete Sandstein, der von Adern anderer Gesteine durchzogen ist, entstand in der Trias, der Zeit des frühen Erdmittelalters. Aus dieser Zeit stammen unter anderem Fischsaurier, Frühformen der Schild-

Strand an der Seawall

kröten, Farne und Schachtelhalme. Hier am Strand bei Red Head wurden bereits Fossilien gefunden wie Kiefer- und Schädelteile von Phytosauria, einer Tierart ähnlich der heutigen Krokodile. Es lohnt sich also, aufmerksam zwischen den Felsen und Sandflächen zu spazieren, wo auch viele form- und farbenreiche Schalen von Muscheln und Schnecken herumliegen, die man im Gegensatz zu „echten" Fossilien bedenkenlos als Erinnerungsstück mitnehmen kann. Auf dem Weg zurück zum Ausgangspunkt des kleinen Spazierganges lädt der dort wieder sandige Strand zum Verweilen ein.

INFO

Lage: Rossway liegt ungefähr 15 km von Digby entfernt.

Anfahrt: Der Ort liegt nahe der Straße Nr. 217, die von Digby bis nach Brier Island führt.

Hinweis: Red Head erreicht man trockenen Fußes nur bei Ebbe. Bei stürmischem und regnerischen Wetter und höheren Gezeiten ist der Weg nur erfahrenen Wanderern zu empfehlen. Man sollte immer darauf gefasst sein, dass von der Steilküste Steinbrocken und auch größere Felsen oder Bäume herabstürzen können.

Unterkunft: Scotia Bay Motel mit Antonios Restaurant, 9066 Hwy 101, Brighton bei Digby, *facebook.com/Antoniosandscotiabay; B&B*, Campingplätze und Hotels in Digby und Westport.

Camping: The Ridge Campground & Cabins, 2561 Ridge Road, Hillgrove bei Digby, *ridgecampground.ca*

25. Küstenwanderung zwischen Leuchttürmen

Brier Island ist eine pittoreske kleine Insel, die sich im äußersten Westen Nova Scotias in die Bay of Fundy reckt. Das Leben hier ist ausschließlich vom Meer bestimmt. Der bekannteste Bewohner der Insel war Kapitän Joshua Slocum.

Die ehemalige Werkstatt der Familie Slocum

Brier Island ist ein Geheimtipp – nicht nur für diejenigen, die Wale aus unmittelbarer Nähe beobachten wollen, sondern auch für alle, die sich für maritime Geschichte interessieren und gern entlang rauer Ozeanküsten wandern. Mit weniger als 20 Quadratkilometern ist die Insel recht klein. Erschlossen ist sie mehr durch Wanderwege und Sandpisten als durch Straßen. Der einzige Ort der Insel, Westport, ist mit einer Fähre von der Nachbarinsel Long Island erreichbar, die wiederum durch eine weitere Fähre mit dem Festland verbunden ist. Entlang der Uferstraße reihen sich Wohnhäuser, Piers, Kaianlagen mit Lagergebäuden und Schwimmdocks, die sich mit den Gezeiten auf und ab bewegen. Viele der Gebäude sind farbig gestrichen, andere verwittern in silbrig glänzendem Grau, das typisch für die Region ist. Drei Leuchttürme sichern die Schifffahrt um die Insel.

Am südlichen Hafenende ist auf der kleinen Peter's Island ein weißer Leuchtturm auszumachen, üblicherweise umgeben von vielen Seevögeln. Auf dem Weg dorthin fährt man am Anlegesteg für die Walbeobachtungsschiffe vorbei. Direkt daneben steht ein rotes Gebäude, in dem einst der junge Joshua Slocum seinem Vater als Schuhmacher helfen musste, bevor er sich ganz der Seefahrt widmete. Am Südende der Bitumenstraße befindet sich ein kleiner Parkplatz. Hier kann man die Gezeitenströme zwischen Brier und Peter's Island, bei denen sich oft eine stehende Welle bildet, besonders gut beobachten. Hügelan geht es zum Denkmal für Slocum, das an seine berühmte dreijährige Reise mit dem Boot „Spray" erinnert, die heute als die erste Einhand-Weltumsegelung gilt. Sein Buch „Allein um die Welt" ist eine spannende Lektüre besonders für jeden Segler, der auf den großen Meeren der Welt unterwegs ist oder dieses plant.

Der Weg führt weiter zur Big Cove, von wo man die spektakulären Basaltsäulen von Green Head ausmachen kann. Man folgt der Küste auf kleinen Pfaden, die entweder bei den Felsen und kleineren steinigen Buchten oder in etwas sicherem Abstand dazu verlaufen. Bei niedriger Tide und trockenem Wetter ist das eher ein Spaziergang, der aber bei Flut, starkem Wind oder Regen schnell zur Herausforderung werden kann. Das Klettern über die Basaltfelsen und -säulen verbietet sich dann von selbst.

Kaianlage in Westport

Western Light Leuchtturm

Über die parallel zur Küste verlaufende Gull Rock Road ist die Südspitze der Insel bei Pond Cove mit dem Auto erreichbar. Von hier führt der 4 Kilometer lange *Coastal Trail* zunächst zu einem Sandstrand vor einer großen Lagune, später über Wiesen und Buschland oberhalb von dramatischen Felsvorsprüngen, die in der Vergangenheit vielen Schiffen zum Verhängnis wurden. Schließlich gelangt man zum Western Light, dem zweiten Leuchtturm der Insel, der malerisch auf einer Felsenklippe steht. Er ist auch auf kurzem Weg mit dem Auto über die Lighthouse Road erreichbar.

Den dritten Leuchtturm am Northern Point, der nördlichen Spitze der Insel, erreicht man von hier aus auf einem 8 Kilometer langen Küstenwanderweg – oder aber, wenn man in Westport der Küstenstraße nach Norden bis an ihr Ende folgt. Dieser Leuchtturm ist nicht besonders hübsch anzusehen – ein reines Zweckgebäude – aber von hier hat man einen wunderbaren Ausblick über die Bay of Fundy und kann das Ein- und Auslaufen der Walbeobachtungsschiffe verfolgen. Gelegentlich sieht man hier sogar Wale direkt vom Ufer aus. Gleich hinter dem Leuchtturm beginnt ein Netz von Wanderpfaden, die mal direkt der felsigen Küste folgen oder etwas weiter entfernt durch Gras- und Buschland führen. In der Seal Cove, einer Bucht unweit des Leuchtturms, kann man Robben beobachten, die in der Brandung nach Nahrung tauchen oder sich auf den Felsen ausruhen. Wanderer können über verschiedene Wege wieder Westport erreichen, oder aber bis zum Western Light durchlaufen. Alle Wanderungen bieten je nach Licht- und Wetterverhältnissen unvergessliche Landschaftserlebnisse. Vogelfreunde werden begeistert über die Sichtung von Falken, Adlern und Kolonien von Seevögeln sein, und auf manchen Wiesen findet man seltene Orchideen. Ein Faltblatt mit den Trails erhält man bei den Anbietern der Walbeobachtungstouren.

INFO

Lage: Brier Island liegt im Westen von Nova Scotia zwischen der Bay of Fundy und der St. Mary's Bay.

Anfahrt: Man erreicht die Insel von Digby aus über die Straße 217 nach einer Fahrt von ca. 2 h über Digby Neck und Long Island, inklusive zweier Fährüberfahrten (derzeit kostenlos).

Hinweis: Die Wanderungen sind bei schönem Wetter einfach, in felsigen Abschnitten aber auch schwieriger. Festes Schuhwerk ist deshalb unbedingt zu empfehlen.

Unterkunft: Brier Island Lodge, das einzige Hotel auf der Insel, *www.brierisland.com*; dazu das kleine Brier Island Inn & Guesthouse, *https://www.novascotiawhalewatching.ca/nova-scotia/bay-of-fundy-accommodations/*

Camping: Auf der Nachbarinsel Long Island liegt der Campingplatz Whale of a Time, *www.facebook.com/WhaleofaTimeCamping/*

26. Bear River: versteckt im Tal und voller Überraschungen

Schon seit Langem leben die Mi'kmaq hier am Fluss, den sie L'sitkuk nennen, übersetzt: „zwischen hohen Felsen fließend". Im 17. Jahrhundert kamen europäische Siedler hinzu. 200 Jahre später wurden hier sogar Schiffe gebaut. Damals entstand am Ortsrand die Siedlung der Bear River First Nation. Heute soll Bear River die höchste Anzahl von Künstlern pro Einwohner in ganz Nova Scotia haben.

Bear River liegt ungefähr 6 Kilometer vom Highway 101 entfernt am gleichnamigen Fluss, der sich hier zur Trichtermündung verbreitert. Um eine Brücke mitten im Ort gruppiert sich das kleine Zentrum mit Läden, Post, Galerien und Cafés. Der Bear River ist über das Annapolis Basin mit der Bay of Fundy verbunden und erlebt daher zweimal täglich Ebbe und Flut, und das mit einem Gezeitenunterschied von bis

Der Bear River im Herbst

zu 5 Metern. Bemerkenswert sind die auf Stelzen gebauten „schwebenden" Gebäude an der Brücke. Über sternförmig verteilte Straßen gelangt man zur Tankstelle, zum Campingplatz und zu Künstlerateliers im *Oakdene Centre*. Direkt am Flußufer liegt der kleine *Peace Garden*.

Das Klima im Flusstal ist angenehm und ermöglicht sogar den Anbau von Wein. In den letzten Jahrzehnten sind hier zwei Weingüter entstanden. Der hiesige Boden muss gut dafür geeignet sein, denn schon vor vierhundert Jahren sollen französische Siedler Reben angepflanzt haben. In den Sommermonaten kann man den Wein sogar vor Ort probieren und – falls er gefällt – auch kaufen.

Bear River ist auch über Nova Scotia hinaus für seine lebendige Kunst- und Kulturszene bekannt. Etwa 50 Künstler und Kunsthandwerker der verschiedensten Techniken wie Malerei, Grafik, Keramik, Plastik, Textilgestaltung u. a. haben sich hier angesiedelt. Einige kamen

Häuser auf Stelzen

sogar aus Europa oder haben dort studiert. In den Galerien, den Studios der Künstler, aber auch in den Cafès und Restaurants von Bear River kann man sich einen guten Überblick und Eindruck davon verschaffen. „Live your dreams!" ist das Motto, dem viele der Künstler folgten, um sich hier in der scheinbaren Abgelegenheit zu Konzentration und Kreativität zurückzuziehen, wohl wissend, dass man den Realitäten der Welt doch nicht entfliehen kann.

Die bekannteste Galerie ist *Flight of Fancy* von Rob Buckland-Nicks. Sie wird schon seit mehr als 30 Jahren betrieben. Viele lokale und überregionale Künstler, wie etwa der bekannte Mi'kmaq-Maler Alan Syliboy,

Galerie mit Tradition: *Flight of Fancy*

werden hier in wechselnden Ausstellungen präsentiert. Buckland-Nicks selbst bearbeitet ein ungewöhnliches Feld. Er malt die für Nova Scotia charakteristischen Vögel auf Gestein, das er an den Stränden der Umgebung findet. Nach eigener Aussage hat er bisher mehr als 20.000 dieser ungewöhnlichen Objekte geschaffen – hühnerei- bis faustgroße, vom Meer rund geschliffene Steine, die jeweils farbig mit dem „Porträt" eines Vogels verziert wurden, aber auch größere Natursteine bis hin zu kleineren „Felsbrocken", die auf meisterhafte Weise auch ganze Vogelgruppen in der Landschaft zeigen. Einige davon sind in der Galerie oder in seinem Studio im zweiten Stock zu bewundern. Die kleinen Exemplare sind relativ preiswert und bestimmt wertvollere Souvenirs als die üblichen Andenken – und eine bleibende Erinnerung an den Aufenthalt in Bear River.

Arbeit von Rob Buckland-Nicks

Myrtle & Rosie's Café

INFO

Lage: Bear River liegt zwischen Digby und Annapolis Royal ein Stück landeinwärts an der Mündung des Bear River.

Anfahrt: Vom Highway 101 biegt man am Exit 24 auf die River Road und folgt ihr entlang des Flusses nach Süden.

Hinweis: Es gibt mehrere nette Cafés. Bei schönem Wetter kann man auch im Freien sitzen.

Unterkunft: Hedley House by the Sea im 9 km entfernten Smith Cove, *www.hedleyhouse.ca*; Hotels/Motels in Digby oder Annapolis Royal.

Camping: Millyard Recreation, 1145 River Rd in Bear River, *brmillyard.com*

27. HINTER NORTH MOUNTAIN: HALL'S HARBOUR UND HUNTINGTON POINT

Etwas abgelegen – aber trotzdem sehenswert – sind diese beiden kleinen Küstenorte hinter North Mountain, einer vulkanischen Bergkette, die das Annapolis Valley von den kalten Winden aus dem Nordwesten abschottet.

Hall's Harbour soll seinen Namen nach dem bekannten Freibeuter Kapitän Samuel Hall erhalten haben. Freibeuter wie Hall handelten zwar im offiziellen Auftrag einer kriegsführenden Nation – in seinem Fall der von England abtrünnigen Provinzen im amerikanischen Befreiungskrieg – aber sie wirtschafteten mit Sicherheit auch in die eigene Tasche. So soll Hall einen Teil seiner Beute irgendwo in der Nähe des heutigen Hafenortes versteckt haben, als er nach einem dritten Raubzug 1779 durch die Opfer seiner Attacken endgültig aus der Gegend vertrieben wurde. Das Dorf selbst wurde erst Jahre später – 1826 – gegründet.

Der Ort liegt an einer schmalen Bucht, durch die ein Bach in die Bay of Fundy fließt. Der Hafen wird von Fischern und Seglern genutzt, obwohl, wie auch in vielen anderen Häfen an der Bay, die Schiffe bei *low tide*

Hall's Harbour bei Flut

Kapitän Halls Schatzkiste

trocken liegen. Ein beeindruckender Anblick, denn in Hall's Harbour erreicht der Gezeitenunterschied manchmal mehr als 12 Meter! Hinter einer Mole standen einst eine Schiffswerft und Lagerschuppen; heute bietet hier ein Restaurant Lobster und Seafood an, und man bekommt natürlich auch Kaffee und Eis. Nebenan im *Captain Hall`s Treasure Chest* werden lokale Handwerks- und Kunsterzeugnisse angeboten. Direkt dahinter führt ein Weg hinunter zum steinigen Strand, wo man – jedoch unter Beachtung der Gezeiten – zur eigenen „Schatzsuche" entlang spazieren kann. Wer sich noch weiter die Beine vertreten oder Appetit auf eine Lobstermahlzeit verschaffen möchte, kann auch den Eco Trail besteigen, einen Rundwanderweg von nur einem Kilometer Länge über den benachbarten Hügel. Er beginnt oberhalb der Hafenbucht nahe der Straßenbrücke an einer Holztreppe.

Wanderweg über den Hügel am Hafen

Nach Huntington Point fährt man vom Hafen aus weiter auf der Hall's Harbour

Road, die hier steil bergauf führt. Nach etwa 400 Metern biegt man nach rechts auf die Simpson Road und folgt ihr knapp zwei Kilometer, bis sie auf die Huntington Point Road trifft, auf der man rechts nach 300 Metern die Küste erreicht. Nahe des Strandes errichtete der sozial engagierte Seefahrer, Künstler und Kleinunternehmer Charles Macdonald in den 1930er-Jahren fünf Ferienhäuser. Er verwendete hauptsächlich den damals in Nova Scotia ungewohnten Baustoff Beton, der hier in auffallender Art geformt und zudem farbig, teilweise mit eingefügten Steinen, gestaltet wurde. Leider stehen heute nur noch vier

Zu mieten: Blue Cottage

der Häuschen. Drei befinden sich in Privatbesitz, aber das sogenannte *Blue Cottage* kann bei der *Charles Macdonald Museum Society* im unweit gelegenen Centreville für einen Ferienaufenthalt gemietet werden. Dies entspricht der ursprünglichen Idee Macdonalds, der 1939 mit seinen Ferienhäusern aus Beton ein *Canadian Youth Hostel*-Programm startete. Damals kostete eine Übernachtung nur 25 Cent. Heute ist sie – bei noch immer einfachem „Komfort“ mit einer Außendusche – natürlich teurer. Man sollte sich von dem Baustoff jedoch nicht abschrecken lassen, denn in ihrer außergewöhnlichen Farbigkeit und Form sind die Cottages Vorläufer der Architektur des weltbekannten österreichischen Künstlers

Das *Charles Macdonald Museum*

Friedensreich Hundertwasser. Wer über Charles Macdonald und seine Kunst mehr wissen möchte, sollte einen Besuch im sonnenblumengelben Museum in Centreville, seinem ehemaligen Wohnhaus, einplanen. Natürlich wurde auch dieses nebst den im Garten stehenden Skulpturen aus Beton errichtet.

INFO

Lage: Hall's Harbour liegt nördlich von Kentville an der Küste der Bay of Fundy.

Anfahrt: Vom Highway 101 (Exit 12, 13 oder 14) bzw. auf Straße Nr. 1 fährt man nach Kentville, dort über die Straße 341 zur Nr. 359, der man bis zur Küste folgt.

Hinweis: Wer den Strand entlanglaufen will, sollte vorher in der Gezeitentabelle nach der Ebbe sehen. Festes Schuhwerk sind sowohl für den Strand als auch für den Eco Trail in Hall's Harbour zu empfehlen.

Unterkunft: Blue Cottage in Huntington Point, *www.concretehouse.ca*; Delft Haus B&B in Centreville, *delfthaus.com*; diverse B&Bs in Kentville.

28. CAPE SPLIT: SPEKTAKULÄRER ABSCHLUSS VON NORTH MOUNTAIN

Cape Split gehört zu den unvergesslichen Erlebnissen eines Aufenthalts an der Bay of Fundy. Nach einer längeren Wanderung durch den Küstenwald bieten sich hier atemberaubende Blicke auf die Bay und das Minas Basin, die von den Gezeiten erodierten Felsformationen des Kaps und die schaumgekrönten Wellen der Gezeitenströme des Minas Channel.

Die Fahrt zum Cape Split führt auf der Straße Nr. 358 nördlich von Canning zunächst zum *Blomidon Look-off*. Bei klarer Sicht sollte man hier unbedingt einen Halt einlegen, denn von nirgendwo sonst hat man einen so weiten Blick über das Minas Basin und das Annapolis Valley. Bei Ebbe

Wanderung durch lichten Laubwald am Cape Split

ist an dem rötlichbraunen Schlamm gut zu erkennen, wie weit sich das Wasser des Minas Basin aus den Flussmündungen und von den Ufern zurückzieht. Die Straße führt weiter über den Rücken des Gebirgszuges North Mountain durch Scots Bay bis zum Startpunkt der Wanderung.

Der Cape Split Provincial Park schützt 430 Hektar Natur und ist ein beliebtes Wanderziel in Nova Scotia. Besonders in den Sommermonaten kann der Parkplatz bei schönem Wetter überfüllt sein, aber auch dann tritt man sich auf dem 13 Kilometer langen Rundwanderweg nicht gegenseitig auf die Füße. Da der Weg teilweise etwas schwierig ist, sollte man hin und zurück etwa 6 Stunden einplanen, um auch vorn am Kap genug Zeit zur Verfügung zu haben. Besonders nach Regentagen muss man sich auf feuchte und schlammige Abschnitte einstellen, wo das abfließende Wasser stellenweise über den Wanderweg läuft.

Der größere Teil der Wanderung führt durch einen Mischwald mit Zuckerahorn und Gelbbirken, in dem auch ältere Bäume den Holzeinschlag vergangener Jahrzehnte überlebt haben. Der Weg steigt auf den

Die Felszacken von Cape Split bei Ebbe

ersten 1,5 Kilometern um 125 Meter leicht an und fällt zum Kap hin wieder etwas ab. Einige Abstecher führen zu Küstenabschnitten mit großartigen Ausblicken, teils mit Aussichtplattformen. Es ist dringend davon abzuraten, eigene Wege zur Steilküste für Ausblicke oder Fotogelegenheiten zu suchen. Immer wieder waren hier in der Vergangenheit Rettungseinsätze nötig, da sich die Küstenlinie ständig durch Erosion verändert und deshalb nicht stabil ist.

Die Wanderung erreicht ihren Höhepunkt, wenn der Weg den Wald verlässt und man das überwiegend mit Gras bewachsene Kap vor sich sieht. Zugleich wird man nämlich auch der senkrechten Wände gewahr, die zum Teil mehr als 50 Meter tief zum Meeresspiegel abfallen. Hier ist bei starkem Wind höchste Vorsicht gefordert, besonders wenn man mit Kindern wandert. In windgeschützten Senken lassen sich gemütliche Plätze für ein Picknick finden. Die Aussicht auf die Felsstümpfe aus Basalt des hier stark erodierten Kaps ist atemberaubend. Sie ragen wie Zacken eines urzeitlichen Wesens aus den Gezeitenstrudeln – was gar nicht so weit hergeholt ist, denn auch hier am Cape Split wurden bereits Spuren von Sauriern entdeckt. Dass sich diese besonderen Landschaftsformationen auch in den Geschichten der Mi'kmaq um ihre mythische Gestalt Kluskap wiederfinden, wird jeder, der einmal am Cape Split gestanden hat, sofort nachempfinden können.

INFO

Lage: Cape Split befindet sich 32 km nördlich von Wolfville am Ende der Blomidon-Halbinsel.

Anfahrt: Westlich von Wolfville von der Straße Nr. 1, bzw. vom Highway 101 Exit 11, fährt man auf Straße Nr. 358, der man nach Norden bis Scots Bay folgt. Dort führt die Cape Split Road zum Parkplatz und Ausgangspunkt der Wanderung.

Hinweis: Der Park ist nur für die Nutzung bei Tageslicht gestattet. Toiletten befinden sich am Parkplatz und in etwa 2 km Entfernung am Wanderweg. Stabiles Schuhwerk und dem Wetter angepasste Kleidung sind Voraussetzung für eine angenehme Wanderung. Da der Weg nicht ganz einfach zu bewältigen ist, sollte ausreichend Wasser und ein Imbiss mitgeführt werden.

Unterkunft: Farmhouse Inn, 9757 Main Street in Canning, *farmhouseinn.ca;* Hotels, Motels und B&Bs in und um Wolfville.

Camping: im 16 km entfernten Cape Blomidon Provincial Park.

Minas Basin

Blick zum Medford Beach

Minas Basin

29. Cape Blomidon: der Wohnsitz von Kluskap
30. Blue Beach: Strand, Fossilien und Museum
31. Avondale Peninsula: ein Umweg mit Ein- und Ausblicken
32. Nicht links liegenlassen: Johnson Cove und Waltons Leuchtturm
33. Gezeiten und Geheimnisse um Burntcoat Head
34. Besuch bei Kluskaps Großmutter: Partridge Island
35. Der Leuchtturm von Cape d'Or
36. Cape Chignecto: eine Annäherung

Chignecto Bay
36
Eatonville
36
Cape
Chignecto
35
Cape d'Or
34
Partridge Island
29
Cape Blomidon
Minas Basin
33
Burntcoat Hea
32
Johnson Cove
30
Blue Beach
31
Avondale Peninsula

29. CAPE BLOMIDON: DER WOHNSITZ VON KLUSKAP

Cape Blomidon ist eine der weithin sichtbaren Landmarken am Minas Basin, Ort einer der Mi'kmaq-Legenden um Kluskap und vor einigen Jahrzehnten sogar von wirtschaftlichen Aktivitäten.

Heute dient Cape Blomidon ausschließlich dem Tourismus, was der Natur offensichtlich guttut, die hier als Provincial Park vor rein wirtschaftlichen Interessen geschützt ist. Anders als zu vermuten wäre, hat der Name keinen Mi'kmaq-Ursprung. Es ist wohl eine Verkürzung von „Blow me down", was sich vielleicht auf die dramatischen,

bis 180 Meter hohen und steil abstürzenden roten Sandsteinklippen bezieht. Die Mi'kmaq nennen das Kap *Klu'skap O'kom*, was so viel wie Wohnsitz von Kluskap bedeutet. Die offiziell in Kanada verwendete Bezeichnung Glooscap für diese mythische Gestalt steht übrigens im Widerspruch zur Schreibweise der Mi'kmaq, deren Alphabet weder „g" noch „c" kennt. Der Legende nach hatte einst ein gigantischer Biber einen Damm zwischen Cape Blomidon und dem gegenüberliegenden Ufer errichtet. Das sich dahinter aufstauende Wasser überflutete den Garten von Kluskap, was diesen so erzürnte, dass er den Damm zerstörte, wodurch das Wasser wieder abfließen konnte. Da es der Natur der Biber entspricht, einen zerstörten Damm sogleich wieder zu reparieren,

Anfahrt zum Cape Blomidon

Übermannsgroße Statue von Kluskap in Parrsboro

wiederholte sich das Ereignis immer wieder aufs Neue. Somit bietet die Legende ein schönes Bild für den Verlauf der Gezeitenwechsel im Minas Basin. Übrigens hat es hier früher tatsächlich Riesenbiber gegeben. Bisher hat man vier Skelette dieser ausgestorbenen Art gefunden.

Allein die Anfahrt zum Provincial Park über Canning und Pereaux ist ein Erlebnis, zunächst wegen der Aussichten auf die roten Sandsteinformationen mit den bei Ebbe weithin sichtbaren Felsentoren am Medford Beach, und später auf die mächtige Steilküste von Cape Blomidon. Kurz vor dem Parkeingang kann man über eine Wiese zur Steilküste spazieren, wo man einen besonders schönen Blick auf das Kap hat. Gleich am Eingang des Parks führt eine Treppe zum Strand herunter. Hier, am sogenannten *White Water*, stand einst eine hölzerne Mole, die zur Beladung von Schiffen mit Holz, Fisch und den landwirtschaftlichen Produkten einer heute nicht mehr existierenden Farm diente. Unten am Strand beginnen die je nach Stand der Gezeiten kürzeren oder längeren Wanderungen entlang des Kaps. Mit Glück und gutem Auge kann man hier am Strand und in den Schutthalden darüber Mineralien wie Amethyst, Jaspis oder Achat finden.

Der Blomidon Provincial Park verfügt über ausreichend Stellplätze für Camper und Zelte. Trotzdem ist es gerade wegen der langen Anfahrt sinnvoll, vorher zu reservieren. Im Park selbst gibt es vier miteinander verbundene Wanderwege unterschiedlicher Länge, die das Waldgebiet des Kaps erschließen und immer wieder schöne Blicke auf das Minas Basin und die gegenüberliegende Küste bieten.

INFO

Lage: Der Blomidon Provincial Park befindet sich ca. 30 km nördlich von Wolfville auf einer Halbinsel im Westen des Minas Basin.

Anfahrt: Man biegt in Canning von der Straße Nr. 221 in Richtung Pereaux ab und erreicht nach insgesamt 16 km den Eingang des Parks.

Hinweis: Für Wanderungen am Strand muss man unbedingt vorher die Gezeitentabelle konsultieren. Festes Schuhwerk und der Witterung angepasste Kleidung sind zu empfehlen. Ein Wanderstock kann beim Klettern über die Steine hilfreich sein.

Unterkunft: Der Campingplatz im Park verfügt über 70 Stellplätze. Hotels, Motels und B&Bs gibt es in Wolfville und der Umgebung.

30. Blue Beach: Strand, Fossilien und Museum

Obgleich die Bay of Fundy noch weitere Fossilienstrände hat, ist Blue Beach als Lagerstätte einzigartig und von Weltbedeutung. Das kleine, privat betriebene Blue Beach Fossil Museum verblüfft mit seiner Fülle und durch kompetente Erklärungen – hier geht man definitiv klüger heraus, als man hineingekommen ist.

Zugang zum *Blue Beach Fossil Museum*

Obwohl der Weg zum Blue Beach durch Privatland führt, kann man den Strand auch erkunden, ohne zuvor das Museum zu besuchen. Wer aber Letzteres tut, ist klar im Vorteil: man sieht und erkennt danach am Strand einfach mehr.

Das Museum findet man am Ende der Blue Beach Road hinter einer alten Eisenbahnbrücke. Etwa 50 Meter vom Parkplatz steht eine große Scheune, die die Besucher im Normalfall mit weit geöffneten Toren

Modell eines fossilen Vierfüßlers aus dem Karbon

empfängt. Drinnen ist alles ganz anders als in den modernen Hochglanz-Museen wie in Parrsboro oder Joggins. Auf engem Raum drängen sich eine Vielzahl von Vitrinen, Tischen und Kästen; alle sind voller fossiler Objekte. Zusätzlich findet man Erläuterungen auf Schautafeln.

Man kann sich hier selbstständig umsehen, aber meistens kommt bald einer der freundlichen Eigner des Museums, Chris Mansky oder Sonja Wood, und gibt eine höchst spannende Einführung in die Welt dieser Fossilien. Die Sedimente der Steilküste an Blue Beach bilden eine Lagerstätte, die Aufschluss über eine Vielfalt von Lebensformen in einem Ökosystem vor mehr als 350 Millionen Jahren im Karbon-Zeitalter gibt. Damals verließen die ersten Vierfüßler das Wasser und begannen, auf dem Land zu leben. Bei der noch fischähnlichen Übergangsform, deren versteinerte Relikte man hier fand, entwickelten sich Flossen bereits zu Gliedmaßen, und das Tier hatte eine Lunge. Es konnte am Land atmen und dennoch im Wasser leben. In gewisser Weise, bei Betrachtung der Evolution, gehört das Tier damit auch zu den Vorfahren der Menschen! Abdrücke von zahlreichen Pflanzen- und anderen Tierarten dieser Phase gehören ebenfalls zu den Funden.

Fossilien-Fundstätte an Blue Beach

Nach der erschöpfenden Vielfalt im Museum tut ein Strandspaziergang gut. Man kann ihn individuell unternehmen oder sich von Chris Mansky führen lassen. Zu Fuß geht es durch ein stilles Waldstück, wo ein breiter Weg unter riesigen alten Eichen bald steil bergab führt. Der Strand wirkt auf den ersten Blick nicht besonders reizvoll. Wo der grobe Schotter endet, kann der rote Sand schlammig sein. Folgt man dem Steilufer in Richtung Nordwest, kommt man zu steinigen Abschnitten unterhalb der meterhohen Abbruchkante. Lose Steinplatten und -brocken in allen Größen liegen auf dem felsigen Boden. Hier sollte man unbedingt auf Muster und Vertiefungen auf den Steinen achten – es könnten fossile Einlagerungen oder Abdrücke sein. An einer Stelle sind sogar direkt im Felsboden Fußabdrücke eines Tieres zu erkennen. Die Erosion an der Küste gibt ständig neues Gestein frei, sodass es immer wieder zu neuen, spannenden Funden kommt.

Die Gesetze in Nova Scotia verbieten es, Fossilien mitzunehmen. Auffällige Funde sollte man im Museum melden, falls man nicht ohnehin Chris Mansky als Führer bei sich hat, dem man das Gefundene gleich zeigen kann.

INFO

Lage: Blue Beach liegt zwischen Windsor und Wolfville an der Mündung des Avon River.

Anfahrt: Highway 101, Exit 8 nach Hantsport, dort auf Straße Nr. 1 in Richtung Avonport, nach 2 km geradeaus auf die Bluff Road, nach gut 3 km rechts in die Blue Beach Road, Nr. 127.

Hinweis: Das Museum ist Mitte April bis Ende Oktober geöffnet; der Eintritt ist zwar frei; da es aber von den Besitzern auf eigene Kosten betrieben wird, sollte man eine angemessene Spende hinterlassen. Interessenten können eine 1- bzw. 2-stündige Tour buchen, am besten im Voraus, Tel.: 1-902- 790-9541, *www.bluebeachfossilmuseum.com*
Den Strand sollte man ausschließlich bei niedriger Tide aufsuchen, da man dort sonst keine Fossilien entdecken kann.

Unterkunft: Blomidon Inn in Wolfville, *www.blomidon.ns.ca*; weitere Hotels und B&Bs in Wolfville oder Windsor.

Camping: Land of Evangeline Camping Resort in Grand Pré, *evangelinecampground.wordpress.com*

31. Avondale Peninsula: ein Umweg mit Ein- und Ausblicken

Die Umfahrung der Avondale Peninsula bietet abwechslungsreiche Ausblicke auf sanfte Hügel und aufs Wasser, faszinierende Einblicke in die Geschichte – und sogar kulinarische Überraschungen.

Newport Landing am Avon River

Die Avondale-Halbinsel an der Mündung des Avon River wird im Süden vom St. Croix River, im Norden vom Kennetcook River eingerahmt. Beides sind Gezeitenflüsse, die bei *low tide* eindrücklich ihr rotbraunes, schlammiges Flussbett zeigen. Newport Landing direkt am Avon River ist ein früherer Hafen- und Schiffbauort, in dem mehr als 100 seegängige Schoner

Das *Avon River Heritage Society Museum*

Modell eines für die Gegend typischen Schoners

gebaut und zu Wasser gelassen wurden. Heute wäre davon fast nichts mehr zu sehen, gäbe es nicht eine rekonstruierte Mole und zwei größere hölzerne Gebäude, Teile einer ehemaligen Schiffswerft. Der kleine Leuchtturm an der Mole ist nur eine Reminiszenz an frühere Zeiten und als Miniausgabe Teil des Spiel- und Sportplatzes dahinter.

Beide Gebäude gehören zum *Avon River Heritage Society Museum* und geben einen Einblick in die vom Schiffbau geprägte Geschichte der Region. Es ist heute kaum noch vorstellbar, dass im 19. und frühen 20. Jahrhundert in fast allen Orten an der Mündung des Avon River Schiffe gebaut wurden. Zeichnungen, Gemälde, Schiffsmodelle und viele typische Werkzeuge der Bootsbauer vermitteln einen Eindruck von der Vielfalt der hier gebauten Schiffe, die alle Meere befuhren und bis in die entlegensten Ecken der Welt segelten. Eins davon, die *SS Hamburg*, war mit 1700 Tonnen die größte je in Kanada gebaute Dreimastbark! Unweit von hier, in Summerville, sollen bei Ebbe noch Reste ihres Wracks aus dem Schlick auftauchen. Neben dem historischen Teil zeigt das Museum Handwerk und Kunst aus dem lokalen Umfeld. Das Café *Lydia and Sally* gleich daneben bietet frisch zubereitete Gerichte zu günstigen Preisen an.

Von der bedeutenden Vergangenheit künden auch schöne und repräsentative Gebäude auf der Halbinsel, die allerdings in Privatbesitz und nur von außen zu bewundern sind. Gleich im Ort befindet sich das *Thomas A. Mounce House*, das einer Reeder-, Schiffbauer- und Kapitänsfamilie gehörte. Ein besonderer Schatz liegt etwas außerhalb: Das *Old Stone House*, vermutlich das älteste Gebäude Nova Scotias, das im Jahr 1699 für die katholische Mission der Franzosen unter den Ureinwohnern gebaut wurde. Heute gehört es einem bekannten kanadischen Fotografen, der es jedoch gern als Museum in öffentlichen Besitz sehen würde. Von der Einfahrt zum Grundstück, die durch das Modell einer historischen Plattenkamera kenntlich gemacht und dadurch nicht zu verpassen ist, kann man einen Blick auf das Gebäude werfen.

Das *Old Stone House* von 1699 in Avondale

An der Dorfstraße von Avondale, nur wenige hundert Meter von Newport Landing entfernt, liegt hügelan die *Avondale Sky Winery*, eines der wenigen Weingüter Nova Scotias, das für seine preisgekrönten Weine bekannt ist. Das Hauptgebäude war früher einmal eine Kirche, die im über 30 Kilometer entfernten Walton stand. Als sie „mangels Besucher" dort nicht mehr benötigt wurde, ließen die Eigentümer des Weingutes das Gebäude auf einem Lastkahn über das Minas Basin nach Avondale schleppen, wo es jetzt ganz „unchristlichen" Zwecken dient – der Verkostung und dem Verkauf von Alkohol. Im Sommer werden im angeschlossenen Restaurant neben Wein auch Speisen aus frischen lokalen Zutaten angeboten. Von der schattigen Außenterrasse blickt man hier direkt auf die Weinberge.

Weinstöcke der *Avondale Sky Winery*

INFO

Lage: Die Avondale-Halbinsel liegt ungefähr 70 km von Halifax und zwanzig Kilometer von Windsor entfernt an der Mündung des Avon River in das Minas Basin.

Anfahrt: Von Windsor fährt man auf der Straße Nr. 14 nach Osten, nach Überquerung des St. Croix River biegt man nach Nordwesten in die Avondale Road. Kommt man von Halifax via Nr. 1 und Nr. 215, biegt man in Union Corner nach Westen in die Lawrence Road ab.

Hinweis: Avondale River Heritage Society Museum, *www.avonriverheritage.com*; Avondale Sky Winery, *www.avondalesky.com*

Unterkunft: Motels und B&Bs in Windsor.

Camping: Beech Brook Campground in Ardoise bei Newport Corner, *beechbrookcampground.ca*

32. Nicht links liegenlassen: Johnson Cove und Waltons Leuchtturm

Die etwas abseits der Touristenwege gelegene Straße Nr. 215 gehört zum sogenannten Glooscap Trail. Die Straße folgt der Küste meist in einigem Abstand, sodass man der Schönheiten der Region nur gewahr wird, wenn man die Stichstraßen zum Meer zur Erkundung nutzt. Eine Gezeitentabelle sollte dabei zur Hand sein, denn Ebbe und Flut bestimmen hier an den Orten des welthöchsten Tidenhubs das Machbare.

Erodierte Felsen, Faltungen und Höhlen

Egal in welcher Richtung man der Straße folgt, von Ost nach West oder umgekehrt, immer bestimmen die Gezeiten, ob man die Sehenswürdigkeiten auch voll genießen kann. Den Abschnitt zwischen Windsor und South Maitland sollte man zumindest beim ersten Mal bei *low tide* befahren. Es gibt mehrere Möglichkeiten, sich die Auswirkungen von Ebbe und Flut auf die Küstenlandschaft anzusehen. Eine der schönsten, die mehrere Optionen bietet, ist Johnson Cove. Hier kann man die Küste entlang wandern, einfach nur am Strand liegen oder auch baden. Zur Bucht gehts über die Shipyard Rd in Cheverie oder die Sherman Lake Rd in Bramber, wo man in Strandnähe parken kann, da meist nur wenige Besucher hierher finden.

Bald stürzt auch dieser Baum ins Meer

Es empfiehlt sich zunächst nach links zu laufen. Schon nach wenigen hundert Metern wird man von der geologischen Vielfalt dieses Küstenabschnitts eingefangen. Verschiedenfarbige Gesteine, Höhlen, Faltungen auf geringstem Raum und hoch aufragende freistehende Felsen künden von der Gewalt, die einst vor Millionen Jahren diese Steilküste geformt hat. Seitdem wird sie unaufhörlich von den Gezeiten und Stürmen erodiert. Man muss kein Geologe sein, um von diese Formationen beeindruckt zu sein. Immer die Gezeiten beobachtend, lassen sich hier sogar Stunden verbringen. Fotomotive gibt es ausreichend. Zurück am Ausgangspunkt, kann man den Strand genießen und baden, seinen Spaziergang auf der anderen Seite fortsetzen oder das nächste Ziel anvisieren, z. B. Burntcoat Head (s. S. 142).

Nur 15 Kilometer weiter, in Walton, lohnt sich der Besuch des einzigen in der Gegend noch arbeitenden Leuchtturms und des umliegenden kleinen Parks. Einst, als hier noch Segelschiffe gefertigt sowie Gips und Baryt abgebaut und verschifft wurden, war Walton ein geschäftiger Ort.

Die Frachter kamen von weit her, sogar aus Deutschland. Die Schiffe wurden bei Flut in den kleinen Hafen gelotst, lagen bei Ebbe auf dem Grund und wurden nach Abschluss der Beladung bei Flut wieder ins Fahrwasser geleitet. Die Geschichte der Region und ihrer umgebenden Landschaft kann auf mehreren Tafeln im Leuchtturm nachgelesen werden. Dessen Besteigung ist unbedingt zu empfehlen, denn von hier bietet sich ein weiter Ausblick auf die Bucht von Walton und den umliegenden Küstenabschnitt. Bei Ebbe sind viele Seevögel, auch Weißkopfseeadler, auf der Suche nach Nahrung auf dem vom Wasser freigegebenen Meeresboden zu beobachten.

Die Flut kommt!

Nach einem kleinen Spaziergang durch den naheliegenden Küstenwald kann man direkt am Leuchtturm in einem einfachen, von der Gemeinde betriebenen Laden Andenken und lokal produzierte Erzeugnisse wie Marmeladen erwerben. Draußen gibt es Picknicktische und Toiletten. Nahebei an der Hauptstraße bietet ein Pub Speisen und Getränke an.

Der Leuchtturm von Walton

INFO

Lage: Johnson Cove und Walton liegen 90 bzw. 105 km von Halifax oder 25 bzw. 40 km von Windsor entfernt an der Küste des Minas Basin – am Glooscap Trail.

Anfahrt: Von Halifax über Straße Nr. 1 bis Newport Corner oder alternativ über Highway 101 Exit 5 und Straße Nr. 14 bis Brooklyn, dann auf der Straße Nr. 215 nach Bramber und Walton.

Hinweis: Zur Fahrt sollte unbedingt eine Gezeitentabelle konsultiert werden, damit man den Strand bei Ebbe aufsuchen kann. Geeignetes festes Schuhwerk ist am gelegentlich steinigen und glitschigen Strand hilfreich.

Unterkunft: Hotels, Motels und B&Bs in Windsor und Umgebung.

Camping: Whale Creek Campsite in Walton, *whalecreekcampsite.ca*

33. Gezeiten und Geheimnisse um Burntcoat Head

Die Gezeiten am Burntcoat Head sind anerkannter Weise die höchsten der Welt, doch gibt es noch mehr Gründe, dieses Kap aufzusuchen. Der heute nur touristischen Zwecken dienende Leuchtturm hatte einen Vorgänger, dessen Wärter 1931 den tragischen Tod zweier deutscher Postflieger in unmittelbarer Nähe nicht verhindern konnte.

Der Ursprung des Namens *Burntcoat Head* ist unbekannt. Ob er was mit einer brennenden Küste oder in dessen Folge mit einem verbrannten Mantel (*coat*) oder einfach nur mit dem rötlichen Sandstein der Küste

Blick vom Meeresboden auf die Felseninsel

zu tun hat, konnte bisher niemand aufklären. Auf jeden Fall hat es einen besonderen Reiz, an einem in der Welt geografisch so einmaligen Ort zu stehen. Der Tidenhub beträgt hier mehr als 16 Meter. Für einen ersten Besuch ist *low tide* der geeignetste Zeitpunkt. Nicht nur, weil der Spaziergang auf dem Meeresboden ein grandioses Erlebnis ist, sondern auch um ein Foto für einen Vergleich zu haben, wenn man 6 Stunden später oder bei einer anderen Gelegenheit zur *high tide* wiederkommt.

Vor dem Kap steht eine Insel, die einst mit dem Festland verbunden war. Hier befand sich der erste Leuchtturm, der die sich nähernden Schiffe vor den Untiefen warnen sollte. Nach einem Sturm war die durch Erosion immer schmaler gewordene Verbindung zwischen dem Kap und

Leuchtturm-Museum an Burntcoat Head

dem Festland verschwunden. Zunächst nahmen die Wärter Leitern zu Hilfe, um den Leuchtturm zu erreichen, doch dann wurde ein neuer auf der gegenüberliegenden Seite gebaut, der wiederum 1972 durch die Behörden abgefackelt wurde, um ihn durch einen Stahlmast zu ersetzen. Der jetzige Turm von 1994 ist eine Replik des zweiten und dient als Museum.

Unweit des Leuchtturms führt eine Treppe zum Meeresboden hinab. Es lohnt sich, die Insel in einem weiten Bogen zu umrunden, um einen Eindruck von der sich durch den Gezeitenwechsel ständig verändernden Landschaft zu gewinnen. Der Meeresboden besteht großenteils aus felsigem Grund, ist jedoch stellenweise schlammig und glitschig, sodass man gutes Schuhwerk braucht, um nicht plötzlich in einer Pfütze oder einem der zahlreichen Gezeitenpools zu landen. Es lohnt sich übrigens, diese einmal genauer ansehen, denn in ihnen überstehen viele buntfarbige Muscheln, Krebse, Schnecken und Fische die Zeit bis zur nächsten Flut. Die sollte man sicherheitshalber immer im Auge behalten, um rechtzeitig wieder trockenen Fußes zur Treppe und auf das Festland zu kommen.

Vermutlich führte die falsche Einschätzung des Gezeitenstandes vor *Burntcoat Head* am 6. Oktober 1931 zum Tod der beiden Flieger Fritz Simon und Rudolf Wagenknecht. Sie waren vom deutschen Schnelldampfer *Bremen* aus gestartet. Damals war es üblich, die Zeit für die Postbeförderung nach New York abzukürzen, in dem man schon weit vor der Küste Wasserflugzeuge mittels eines Katapults startete und mit der Post vorausschickte. Offensichtlich gab es Probleme mit dem Flugzeug, als sich der Flieger Fritz Simon mitten in der Nacht zu einer Landung im Minas Basin entschloss. Tragischerweise war gerade *low tide*, und die Maschine zerschellte auf dem freiliegenden Meeresboden. Der Leuchtturmwärter hatte zunächst noch Rufe aus der Dunkelheit gehört; offenbar hatte jemand den Absturz überlebt. Als man, noch immer bei Dunkelheit, bei wiedereinsetzender Flut endlich mit einem Boot nach dem Flugzeug suchen konnte, waren weder dieses noch seine Insassen zu finden. Drei Tage später wurde die Leiche von Fritz Simon angespült; die von Rudolf Wagenknecht blieb verschwunden, wie auch die Postsäcke. Die Briefe mit den Sonderstempeln dieses Katapultfluges sind bis heute weder bei den Adressaten noch bei den zahlreichen Sammlern von Flugpost wieder aufgetaucht. Sollte jemals solch ein Brief auf einer Auktion oder bei einem Trödler auftauchen, wäre das eine philatelistische Sensation.

INFO

Lage: Burntcoat Head liegt ungefähr 100 km von Halifax entfernt am Minas Basin.

Anfahrt: Von der Straße Nr. 215 biegt man entweder kurz nach Minasville oder in Noel, der Ausschilderung folgend, nach Norden zum Burntcoat Head ab.

Hinweis: Vor der Anreise sollte man unbedingt eine Gezeitentabelle zu Rate ziehen. Festes Schuhwerk ist für einen Abstieg zum Meeresboden empfehlenswert. Am Leuchtturm gibt es einen Picknickplatz und Toiletten, *www.burntcoatheadpark.ca*

Unterkunft: Shangri-La Cottages gleich neben dem Leuchtturm, 619 Burntcoat Road, *www.shangri-lacottages.com*; Hotels, Motels und B&Bs in Truro oder Windsor.

Camping: Parkville Campground, 4834 Straße Nr. 215 in Noel, *parkvillecampground.com*

34. Besuch bei Kluskaps Grossmutter: Partridge Island

Partridge Island ist eine sagenumwobene Halbinsel an der engsten Stelle zwischen Minas Basin und Bay of Fundy. Hier soll einst die Großmutter von Kluskap, einer mythischen Gestalt der Mi'kmaq, gewohnt haben. Die Wanderung auf Partridge Island bietet traumhafte Blicke über die Bay und auf die felsige Küste.

Partridge Island ist seit 1869 keine Insel mehr. Der Hurrikan Saxby, einer der stärksten Stürme, der Nova Scotia je getroffen hat, ist für den langen Steinwall verantwortlich, der seitdem die Insel mit dem Festland verbindet. Partridge Island und die Strände um Parrsboro sind besonders unter Sammlern von Mineralien und Fossilien bekannt, es ist jedoch nicht gestattet, Funde ohne Bestätigung der Behörden mit nach Hause zu nehmen. Im Sommer bietet das *Fundy Geological Museum* in Parrsboro geführte Touren für an Geologie interessierte Touristen an. Dieses Museum ist auf jeden Fall, ob vor oder nach der Wanderung auf Partridge Island, ein lohnendes Ziel.

Blick auf Partridge Island

Wanderweg auf Partridge Island

Die Wanderung beginnt am Ende des Steinwalls zur Insel. Ein Hinweisschild kennzeichnet den Aufstieg und Beginn des Wanderweges. Eine weitere Tafel zeigt eine Karte der Insel mit ihrer bis 50 Meter hohen Steilküste und gibt wichtige Informationen zur Wanderung und zur Geologie der Gegend. Auf den ersten 100 Metern führt der hier etwas enge Weg sehr steil etwa 30 Meter nach oben. Nicht nur bei feuchtem Wetter wird dafür festes Schuhwerk benötigt. Hat man einmal die ersten Höhen erklommen, kann man sich auf einer Bank ausruhen. Nun ist der Weg einfach zu wandern und führt zunächst durch den Wald, bis man die ersten Ausblicke erreicht. Besonders schön ist nach etwa 15 Minuten der Blick von der Steilküste zum Strand beim *Ottawa House Museum*, einem 250 Jahre alten Gebäude, das einst Sir Charles Tupper, Premierminister von Nova Scotia und für 69 Tage auch von Kanada, als Sommersitz gedient hatte. An diesem Strand gab es früher eine Mole; von dort bestand eine Fährverbindung quer über das Minas Basin nach Windsor.

Der Wanderweg führt nun weiter durch lichten Wald. Mit Glück sind viele Vögel, aber auch Hirsche, Stachelschweine, Waschbären und kleinere Nagetiere zu beobachten. Eine freie Stelle im Uferwald gibt den Blick auf Cape Blomidon frei. Dann geht es etwas bergab zu einem als

Atemberaubender Blick vom Aussichtsturm

Leuchtturm gestalteten Aussichtsturm, von dem man eine tolle Sicht zum Cape Split auf der gegenüberliegenden Seite der Bay of Fundy hat. Rechts liegt das benachbarte Cape Sharp, und vor dem direkt unterhalb liegenden Strand steht ein hoch aufragender Felsbrocken im Wasser, der von kleinen Bäumen gekrönt ist. Schon allein diese Aussicht lohnt den etwas anstrengenden Beginn der Wanderung. Auch am Fuß des Turmes lädt eine Bank zur Rast ein, und einige Meter entfernt gibt es sogar eine Trockentoilette.

Der Rückweg zum Ausgangspunkt erfolgt über den gleichen Weg. Der letzte steile Abstieg erfordert wieder etwas Aufmerksamkeit, besonders wenn der Abschnitt nach einem Regen glitschig ist. Die Umrundung der Insel am Strand ist nur bei absolut niedriger Tide möglich; dabei sind mehre Abschnitte von mit Tang überwachsenen Felsen zu überwinden.

Vorn ein Felsenstumpf und am Horizont Cape Sharp

INFO

Lage: Partridge Island liegt bei Parrsboro am Ausgang des Minas Basin.

Anfahrt: Über Straße Nr. 2 nach Parrsboro, von dort erreicht man in wenigen Fahrminuten auf der Whitehall Road das Ottawa House. Gleich dahinter zweigt die Partridge Island Road zum Strand ab.

Hinweis: Parkmöglichkeiten gibt es auf dem Steinwall, der Partridge Island mit dem Festland verbindet. Die Wanderung ist nur bei trockenem Wetter empfehlenswert. Aufgrund der instabilen Steilküste sollte man die Wanderwege nicht verlassen. Festes Schuhwerk und Trittsicherheit sind Voraussetzung. Für die Wanderung von ca. 3 km sollte man 1,5 Std. oder mehr einplanen.
Fundy Geological Museum, *fundygeological.novascotia.ca*;
Ottawa House Museum, *www.ottawahousemuseum.ca*

Unterkunft: The Maple Inn, 2358 Western Avenue in Parrsboro, *mapleinn.ca*

Camping: Glooscap Park Campground, 1380 Two Island Rd in Parrsboro, *cumberlandcounty.ns.ca/glooscap-campground.html*

35. DER LEUCHTTURM VON CAPE D'OR

Der Leuchtturm von Cape d'Or ist wohl nicht der attraktivste Leuchtturm von Nova Scotia, aber mit Sicherheit einer der am schönsten gelegenen. Die sich lang hinziehende Anfahrt macht ihn zu einer selten besuchten Besonderheit.

Mit dem auf einem mächtigen Basaltriff gelegenen Leuchtturm trotzt das Kap den Stürmen und den Gezeitenströmungen zwischen der Bay of Fundy und dem Minas Basin. Die Wassermenge, die hier alle 6 Stunden und 25 Minuten vorbeifließt, entspricht der zusammengefassten Menge aller Flüsse der Erde. Drei hier am Kap aufeinander treffende Strömungen, die Rückströmung eines Teils des in das Minas Basin einfließenden Wassers, eine vom Meeresboden nach oben gedrückte zweite und eine aus der benachbarten Advocate Bay dazukommende dritte Strömung

Leuchtturm und Lightkeeper's Kitchen am Cape d'Or

führen zur Entstehung der sogenannten *Dory Rips*. Das sind für die Schifffahrt gefährliche Turbulenzen, die letztendlich 1922 zum Bau des Leuchtturms von Cape d'Or führten, um vorbeifahrende Schiffe vor ihnen zu warnen.

Leuchtturm mit Steilküste im Osten

Die Mi'kmaq hatten bereits seit Jahrhunderten die hier vorkommenden Gesteine und auch das im Basalt eingelagerte Kupfererz zur Herstellung von Werkzeugen und Waffen benutzt, lange bevor der französische Kartograf Samuel de Champlain erstmals 1607 das Kap erreichte und diese Vorkommen beschrieb. Vermutlich hatte das Kupfererz damals so im Sonnenlicht geglänzt, dass der Platz gleich als Gold-Kap – Cape d'Or – in die Logbücher einging und so seinen Namen bekam.

Höhlen am Cape d'Or

Eine etwa 6 Kilometer lange Sandpiste führt von Advocate Harbour durch einen Wald nach Süden zum Cape d'Or. Sie endet an einem Parkplatz mit einem verwitterten Gebäude im Leuchtturm-Look. Von einer Plattform nahe des Steilufers kann man bereits einen großartigen Ausblick auf die Felsenküste und das Minas Basin genießen. Ein breiter Schotterweg führt etwa 250 Meter lang hinunter zum Leuchtturm. Dieser steht auf einem schnell abfallenden Basaltriff, das von den Strömungen der Bay of Fundy umspült wird. Von hier aus sind beim Gezeitenwechsel die Dory Rips gut zu erkennen. In den Gewässern um das Kap tummeln sich oft Robben, die neugierig ihre Köpfe aus dem Wasser strecken. Die beeindruckende Steilküste steigt auf der Ostseite des Kaps bis auf 30 Meter an, auf der Westseite sogar bis zu 100 Meter.

Hundert Meter hohe Steilwände westlich von Cape d'Or

Am Leuchtturm laden Bänke und Picknicktische zur Rast ein. Im ehemaligen Leuchtturmwärterhaus wird im Sommer ein Café, *The Lightkeepers Kitchen*, betrieben. Auch Übernachtungen werden hier angeboten. Der Weg zurück zum Parkplatz geht recht steil bergan, was beim Abstieg zum Leuchtturm gar nicht auffiel. Die Verschnaufpausen kann man jedoch für Fotos von Leuchtturm und Kap aus der Vogelperspektive nutzen. Oben am Parkplatz laden zwei Wanderwege, der kurze Lookoff Trail und der etwas längere Minas Trail, zum weiteren Erkunden des Kaps ein.

Die Rückfahrt erfolgt auf der gleichen Piste wie der Hinweg. Nach etwa einem Kilometer erreicht man die Horseshoe Cove, wo man auch zum Strand absteigen kann. Vor über 100 Jahren, zu Zeiten des Bergbaus am Cape d'Or, wurde von hier aus das geförderte Erz verschifft. Von den Gebäuden und Anlagen der Fördergesellschaft ist schon lange nichts mehr zu sehen, aber die Aussicht auf das Steilufer ist reizvoll.

INFO

Lage: Cape d'Or liegt etwa 50 km westlich von Parrsboro.

Anfahrt: Von Parrsboro fährt man auf der Straße Nr. 209 nach Westen. In Advocate Harbour biegt man nach links ab und folgt der Ausschilderung zum Cape d'Or auf einer ca. 6 km langen Piste.

Hinweis: Bei feuchtem und windigem Wetter ist der Aufenthalt am Kap nicht ungefährlich. Festes Schuhwerk ist auf jeden Fall zu empfehlen. Kinder sollten keinesfalls allein über die Felsen klettern, da die Gefahr besteht, in Spalten zu stürzen oder von der Steilküste zu fallen.

Unterkunft: Between the Capes B&B, West Advocate, *betweenthecapesbnb.ca*

Camping: Fundy Tides Campground in Advocate Harbour, *novascotia.com/listing/fundy-tides-campground*

36. Cape Chignecto: eine Annäherung

Im ausgedehnten Cape Chignecto Provincial Park am westlichen Ende des Minas Basin sind die schönsten Stellen etwas schwerer zugänglich, jedoch besonders lohnenswert.

Zum Kap selbst gelangt man nur in einer zweitägigen anspruchsvollen Wanderung, beginnend am Visitor Centre des Provincial Park in West Advocate entlang der Steilküste, oder per Boot. Einen alternativen Zugang vom Norden her zu den reizvollsten Sehenswürdigkeiten des Parks – aus dem Ozean aufsteigende Felsformationen, dramatische Steilküsten

Nur schwer zu erreichen ist Anderson Cove

und schöne Strände – bietet die Apple River Road, eine etwa 15 Kilometer lange Schotterpiste, die man über die Straße Nr. 209 erreicht. Diese Piste ist am besten mit einem Allradfahrzeug zu bewältigen, da es einen – wenn auch kurzen – Abschnitt zu überwinden gilt, der bei Flut vom Wasser überspült sein kann. Bei Ebbe und trockenem Wetter ist die Straße aber ohne weiteres mit dem Pkw befahrbar.

Kurz vor Eatonville erreicht die Straße direkt am Strand eine stählerne Brücke über den Spicers Cove Brook. Hier kann man einen ersten Stopp

Die Apple River Road kann bei hoher Tide überflutet sein!

am Spicers Cove Beach, einem der schönsten Strände der Bay of Fundy, einlegen. Nur bei abfallender Tide und unter genauer Beobachtung der sich ändernden Gezeiten könnte man auch unterhalb der immer steiler werdenden, für Geologie-Freunde besonders interessanten Klippen den Strand entlang nach Südwesten weiterlaufen, um die weiter unten beschriebenen Sehenswürdigkeiten zu erreichen. Die bei einlaufender Flut riskante Wanderung lässt sich vermeiden, wenn man weiter auf der Schotterstraße, die jetzt Eatonville Road heißt, zu einer Kreuzung fährt und dort nach rechts abbiegt. Dieser Weg führt zu einem Besucherzentrum, das allerdings bis auf Weiteres geschlossen ist; vielleicht ist die Zufahrt auch deshalb so unzulänglich ausgeschildert, weil man verhindern will, dass ungenügend vorbereitete Besucher hier „verloren gehen".

Eatonville war einst ein Ort zur Verarbeitung des in der Umgebung geschlagenen Holzes und seiner Verschiffung. Es gab sogar eine Werft, auf der Schoner gebaut wurden. Nach dem Niedergang von Schiffbau und Holzverarbeitung wurde der Ort um 1940 aufgegeben. Die touristische Erschließung begann 1989 und ist bis heute nicht zufriedenstellend abgeschlossen. Jedoch führen von hier markierte Wanderwege

Bekannte Felsformation Three Sisters

zu gesicherten Aussichtsplattformen für die Sehenswürdigkeiten Anderson's Cove, Eatonville Harbour und Three Sisters, einer markanten aus dem Meer ragenden Felsgruppe, sowie zur Steilküste bei Squally Point. An verschiedenen Stellen kann man zum Strand absteigen, wobei man unbedingt die sich schnell ändernden Gezeiten beachten muss.

Brücke über Spicer's Cove Brook

Diese Wanderwege sind insgesamt ca. 6 Kilometer lang und bieten ausreichend Gelegenheit für Naturbeobachtungen und Picknick. Für das Kennlernen der Umgebung von Eatonville sollte man 2 bis 3 Stunden einplanen.

Der Rückweg kann über die gleiche Strecke wie die Hinfahrt erfolgen. Wer über ein Allradfahrzeug verfügt, kann aber auch die Eatonville Road in südlicher Richtung nach West Advocate fahren. Diese Strecke ist eine sehr raue Offroadpiste, die sich wetterbedingt in schlechtem Zustand befinden kann und nur auf eigene Gefahr zu benutzen ist. Wer mit einem Mietauto unterwegs ist, sollte sich vorher bestätigen lassen, dass auch für diese Piste Versicherungsschutz besteht.

Eines der raren Hinweisschilder am Cape Chignecto

INFO

Lage: Der Chignecto Provincial Park liegt nordwestlich von Halifax auf einer Landspitze an der Bay of Fundy.

Anfahrt: Von Parrsboro (50 km bis West Advocate) oder von Amherst (ca. 80 km bis zur Apple River Road) fährt man jeweils via Straße Nr. 209. Der Zugang zum Park ist über den Eingang in West Advocate oder die Eatonville Road möglich.

Hinweis: Der Park ist von Mitte Mai bis zum 2. Wochenende im Oktober geöffnet. Ein Informationszentrum gibt es nur am südlichen Parkeingang. Zur persönlichen Sicherheit sollte man die gekennzeichneten Wanderwege nicht verlassen. Wer an den Strand geht, muss unbedingt die Veränderungen der Gezeiten berücksichtigen.

Unterkunft: Diverse B&Bs in West Advocate/Advocate Harbour, Parrsboro und Amherst.

Camping: Im Park selbst gibt es nur wenige Zeltplätze und Schutzhütten für Mehrtageswanderer, der nächste Campingplatz ist Fundy Tides Campground in Advocate Harbour, *novascotia.com/listing/fundy-tides-campground*

Northumberland Shore

Stiller See im *Amherst Point Migration Bird Sanctuary*

Northumberland Shore

37. Das Millbrook Cultural & Heritage Centre: Kultur und Geschichte der Mi'kmaq
38. Amherst Point Migration Bird Sanctuary
39. Sugar Moon Maple Farm: Ahornsirup passt (fast) immer!
40. Pictou: sehenswerte Kleinstadt an der warmen Northumberland Shore
41. Chez Deslauriers/Acadian Trails und die Dünenlandschaft bei Pomquet

Gulf of St. Lawrence
Prince Edward Island
New Brunswick
Northumberland Strait
38
Amherst
Pictou Island
40
Pictou
41
Pomquet
39
Sugar Moon Farm
37
Millbrook Cultural & Heritage Centre
Atlantic Ocean

37. Das Millbrook Cultural & Heritage Centre: Kultur und Geschichte der Mi'kmaq

Die Mi'kmaq leben seit Jahrtausenden in Nova Scotia. Mit der Ankunft der Europäer wurde ihre Kultur und Lebensweise in den Hintergrund gedrängt. Die Politik Kanadas orientierte sich zunächst auf Assimilierung und Unterordnung der First Nations unter die europäisch geprägte Kultur der Weißen. Seit einigen Jahrzehnten konzentrieren sich die Mi'kmaq wieder auf ihre eigene Identität und Kultur.

Das *Millbrook Cultural & Heritage Centre* widmet sich seit einigen Jahren dieser Aufgabe – und das auf eigenem Territorium im sogenannten *Truro Power Centre*, einem prosperierenden Businesspark, zu dem neben dem Kulturzentrum auch ein Hotel, ein Motel, ein Kino, Büros und verschiedene Geschäfte und Restaurants gehören.

Das Kulturzentrum ist schon von Weitem zu erkennen, denn eine riesige kupferfarbene Skulptur von Kluskap, einer wichtigen mythischen Gestalt der First Nations der Atlantikküste, steht direkt an der Auto-

Das *Millbrook Cultural and Heritage Centre* bei Truro

Kluskap überragt alles!

bahn. Das zeltartige Gebäude des *Millbrook Cultural & Heritage Centre* präsentiert die reichhaltige und vielfältige Geschichte und Kultur der Mi'kmaq auch mithilfe multimedialer Techniken. Ausstellungen zeigen jahrhundertealte Artefakte wie Steinwerkzeuge, aber auch neuzeitliche Objekte wie Trommeln oder Gebrauchs- und Schmuckgegenstände aus Birkenrinde und Leder, verziert mit den eingefärbten Borsten der Stachelschweine oder Glasperlen. Informationstafeln liefern die historischen

Hintergründe und Bezüge zu den ausgestellten Objekten. Wer sich tiefergehend mit der Kunst und Kultur der Mi'kmaq beschäftigen möchte, kann hier auch an speziellen Unterweisungen und Kursen teilnehmen. Das Personal ist überaus freundlich und hilfsbereit und beantwortet selbst die ungeschicktesten Fragen zu den „Indianern" ausführlich und mit einem Lächeln. Gerade darin liegt auch der besondere Wert dieses Kulturzentrums, denn als Tourist verliert man hier schnell die Scheu, die

Display mit historischer Darstellung

Im Zentrum von Truro

oft von einem Besitz ergreift, wenn man durch ein First Nations-Reservat fährt und keinen Adressaten für seine Fragen findet oder sich nicht traut, diese zu stellen. Das Kulturzentrum mit seinem reichhaltigen Angebot ist besonders für Familien mit Kindern geeignet. Im Laden gibt es neben Andenken und kunsthandwerklichen Objekten auch originale und signierte Kunstwerke von Mi'kmaq-Künstlern zu kaufen.

Lumber Jack aus Ulmenholz

Wer sich nach dem Besuch des Kulturzentrums noch in Truro umsehen möchte, dem sei eine kurze Wanderung durch den Victoria Park mit seinen reizvollen kleinen Wasserfällen oder ein Besuch des Stadtzentrums mit seinen berühmten aus abgestorbenen Ulmen geschnitzten Holzfiguren empfohlen. Im Stadtteil Bible Hill stehen auf dem Gelände der Dalhousie-Universität einige Segmente der Berliner Mauer, die auf Initiative eines kanadischen Unternehmers hierher gelangt sind.

INFO

Lage: Das Millbrook Cultural & Heritage Centre liegt südwestlich der Stadt Truro am Highway 102. Adresse: 65 Treaty Trail, Millbrook.

Anfahrt: Man benutzt Exit 13A des Highways 102.

Hinweis: Das Kulturzentrum ist vom Frühjahr bis Herbst geöffnet. Die genauen Öffnungszeiten sind der Website zu entnehmen: *millbrookheritagecentre.ca*

Eintritt: 6 CAD, Kinder 3,50 CAD, Familien 15 CAD.

Unterkunft: Hampton Inn & Suites direkt nebenan, *www.hilton.com/en/hotels/xlztrhx-hampton-suites-truro*; weitere Hotels, Motels und B&Bs im benachbarten Truro.

38. AMHERST POINT MIGRATION BIRD SANCTUARY

Amherst ist eine Kleinstadt an der Grenze zwischen Nova Scotia und New Brunswick. Obwohl diese Lage für die Wirtschaft der Stadt günstig ist, fahren die meisten Touristen hier vorbei, nicht ahnend, was ihnen in Amherst Sehenswertes entgeht.

Vor über 250 Jahren kamen englische Siedler an den zuvor von akadischen Deichbauern bewohnten Ort und gründeten hier die Stadt Amherst. Im Gegensatz zu den meisten anderen Kleinststädten in Nova Scotia erbaute man hier sehr viele Gebäude aus Stein, zumeist aus einem rötlichen Sandstein, der in der Gegend gewonnen wurde. Die

Im Herbst zieht im Vogelschutzgebiet Ruhe ein

Stadt liegt am Isthmus von Chignecto, einer Landenge zwischen der Bay of Fundy und dem Gulf of St. Lawrence, die nur ca. 25 Kilometer breit und dabei sehr flach ist. Hier herrschen Marschland und Sumpfgebiete vor, die eine expansive wirtschaftliche Entwicklung verhindern und so ein natürliches Habitat für viele Pflanzen, Tiere und Vögel bilden.

Seit 1947 gibt es am südwestlich der Stadt gelegenen Amherst Point das *Amherst Migratory Bird Sanctury*, ein Schutzgebiet besonders für durchziehende Wasservögel, aber auch für regional nistende Vögel. Mehr als 200 Arten wurden hier bisher beobachtet. Das parkähnliche 430 Hektar große Gelände eignet sich auch außerhalb der Zeiten des Vogelzuges wunderbar für kürzere Wanderungen. Das Terrain mit einer

Vielzahl größerer und kleinerer Seen ist durch mehrere Wanderwege erschlossen. In einem Waldgebiet gleich rechter Hand vom Eingang trifft man auf ein hier im „Flachland" völlig unerwartetes und verblüffendes Gewirr von Schluchten, Senken und steilen Abhängen, die durch natürliche Einbrüche in diesem Karstgebiet mit unterirdischen Gipsvorkommen entstanden sind. Einige dieser Senken sind trocken und mit Sträuchern und teilweise recht alten Bäumen bewachsen, andere haben sich mit Wasser gefüllt und bilden jetzt die Teiche und Seen des Schutzgebietes.

Verlässt man nach wenigen hundert Metern den dichten Wald, erreicht man eine offene Landschaft, in der sich zwischen Baumbeständen kleinere und größere Seen, Teiche, weitläufige Marschwiesen und ehemalige Felder erstrecken. Zu den hier vorkommenden selteneren Vogelarten gehören Rotkopfente, Schwarzkopfruderente, Spießente, Schnatterente, Virginia-Ralle, Amerikanisches Teichhuhn und Trauerseeschwalbe. Für Hobbyornithologen ist dieses Schutzgebiet eine der besten Möglichkeiten, viele verschiedene hier vorkommende oder durchreisende Spezies zu beobachten. Für alle anderen ist es eine wunderbare Gelegenheit, sich von einer vielleicht langen und ermüdenden Autofahrt zu erholen, dabei in gesunder Umwelt unterwegs zu sein und sich auf kürzeren oder längeren Spaziergängen in abwechslungsreicher Landschaft die Beine zu vertreten.

Wanderweg im Vogelschutzgebiet

Sandsteingebäude im Zentrum von Amherst

INFO

Lage: Das Amherst Point Migratory Bird Sanctuary liegt 5 km südwestlich von Amherst unweit der Bay of Fundy.

Anfahrt: Vom Exit 3 des Highway 104 bzw. von Amherst aus auf Straße Nr. 6 fährt man auf die Southampton Road und erreicht nach reichlich 3,5 km den Parkplatz des Vogelschutzgebietes.

Hinweis: Der kürzere Rundweg um Layton's Lake ist ca. 2,5 km lang, ein längerer um einen größeren See knapp 5 km.

Unterkunft: Motels, Hotels und B&Bs in Amherst.

Camping: Loch Lomond RV Park am Blair Lake bei Amherst, Exit 4, *www.lochlomondrvpark.com*

39. SUGAR MOON MAPLE FARM: AHORNSIRUP PASST (FAST) IMMER!

Ahornsirup ist das kanadische Produkt, das auf keinem Frühstücksbüfett fehlen darf. Es passt zu Pancakes mit Obst genauso gut wie zu Rührei mit Schinken oder Würstchen und Bratkartoffeln.

An Blaubeerfeldern vorbei zur *Sugar Moon Maple Farm*

Hauptproduzent von Ahornsirup in Kanada ist die Provinz Québec, die 70 Prozent der Weltproduktion erzeugt. Es gibt aber auch einige Betriebe in Nova Scotia, die Ahornsirup herstellen. Einer davon ist die *Sugar Moon Maple Farm*, die eine halbe Stunde von Truro entfernt ist und als Produzent auch ein Restaurant betreibt, in dem natürlich alle Gerichte mit Ahornsirup zubereitet und verfeinert werden.

Die Gewinnung von Ahornsirup wird schon seit Jahrhunderten von den First Nations betrieben, und die Siedler aus Europa übernahmen die Methode von ihnen. Dabei werden die Ahornbäume angezapft, ihr Saft wird aufgefangen und gesammelt. Später wird er durch Erhitzen eingedickt, bis ein dickflüssiger süßer Sirup entsteht. Die Technologie hat sich über die Jahrhunderte bis heute verfeinert. Wenn im späten Winter der Saft beginnt, in den Bäume aufzusteigen, wird er von den modernen Produzenten nicht mehr mit Gefäßen aus Birkenrinde oder Blech

Restaurant und Museum der Farm

aufgefangen, sondern durch flexible Leitungssysteme aus Plastik zu den Sammelbehältern geleitet. Das Eindicken erfolgt häufig noch traditionell in Kesseln, die mit Hartholz beheizt werden.

Ahornsaftgewinnung

Die *Sugar Moon Maple Farm* liegt natürlich an einem Ahornwald, zu dem man über einen Feldweg entlang von Blaubeerfeldern gelangt. Das Hauptgebäude der Farm ist aus grob behauenen Baumstämmen gebaut, und auch das Mobiliar des Restaurants ist stilvoll komplett aus Holz gefertigt. Ein großer mit Natursteinen ummauerter Kamin sorgt für Gemütlichkeit. Die Küche ist zum Gastraum hin offen, sodass man bei der Zubereitung der Speisen zuschauen kann. Die Speisekarte liest sich verlockend, und der Duft der frisch zubereiteten Speisen ist verführerisch. Alle

Ahornsirup in vielen Varianten und Größen

Gerichte können den eigenen Wünschen – ob süß, herzhaft oder kanadisch gemischt – angepasst werden. Dazu einen mit Ahornsirup verfeinerten Kaffee mit Schlagsahne obendrauf, was kann es Besseres geben?

Gleich rechts am Eingang ist ein kleines Museum, in dem die einzelnen Schritte der Produktion von Ahornsirup in der Vergangenheit dargestellt werden. Man kann sich den heutigen Herstellungsprozess auch in einer 40 Minuten dauernden Führung erläutern lassen. Selbstverständlich werden im Shop alle Erzeugnisse der Farm in vielen Varianten und Größen angeboten, von der Sirupflasche über Süßigkeiten bis zum Kosmetikprodukt, ob für die eigene Küche oder als Souvenir.

Darstellung historischer Arbeitsweisen der Sirupgewinnung

Wenn man sich dann so richtig satt gegessen hat, kann man die zu viel genossenen Kalorien gleich wieder verbrennen, denn direkt an der Farm beginnt ein 6 Kilometer langer Rundwanderweg, der Rogart Mountain Trail, eingerichtet von der *Cobequid Eco-Trails Society*, die in der Gegend noch weitere 30 Kilometer Wanderwege unterhält.

Wanderweg zum Rogart Mountain

INFO

Lage: Die Sugar Moon Maple Farm liegt im Landesinneren ca. 30 km nördlich von Turo. Adresse: 221 Alex MacDonald Road, Earltown.

Anfahrt: Von Truro fährt man über die Straße Nr. 4 zur Nr. 311 und folgt ihr in Richtung Earltown. Ca. 1 km vor dem Erreichen des Ortskerns biegt man nach links in die Alex MacDonald Road und folgt der Ausschilderung, bis man nach gut 1 km die Farm erreicht.

Hinweis: In der Region funktioniert das Netz für Mobiltelefone nur eingeschränkt, sodass man sich rechtzeitig über den Standort der Farm informieren sollte. Führungen finden zur vollen Stunde statt und kosten 25 CAD. Die Speisekarte des Restaurants findet man auf *www.sugarmoon.ca*

Unterkunft: Forest Haven Inn in Balfron an der Straße Nr. 311, *www.foresthaveninn.com*; Motels oder B&Bs in Tatamagouche und Pictou.

Camping: Seafoam Campground im knapp 40 km entfernten Seafoam an der Northumberland Shore (Straße Nr. 6), *www.seafoamcampground.com*

40. PICTOU: SEHENSWERTE KLEINSTADT AN DER WARMEN NORTHUMBERLAND SHORE

Die Stadt Pictou wirbt damit, der Geburtsort von „New Scotland", also von Nova Scotia zu sein. Das ist zwar etwas übertrieben, denn der Begriff Nova Scotia ist schon seit Anfang des 17. Jahrhunderts in Gebrauch; aber für schottische Einwanderer ist der Ort tatsächlich bedeutungsvoll.

Replica der *Hector* am Museum

Pictou ist eine hübsche Kleinstadt, die es sich anzusehen lohnt – besonders an der Waterfront mit ihren Kaianlagen und einigen buntfarbigen historisch anmutenden Häusern. Auch in den umliegenden Straßen des Stadtzentrums finden sich einige sehenswerte alte Gebäude. Bei einem Spaziergang durch die Caladh Avenue entlang der Bucht von Pictou Harbour springt sofort ein dickbäuchiger historischer Dreimaster ins Auge. Es ist ein Nachbau des historischen Schiffes *Hector*, mit dem vor fast 250 Jahren die ersten schottischen Immigranten nach Pictou kamen. Unter voller Betakelung überragt es das dazugehörige Museum am *The Hector Heritage Quay* und auch die Häuser der Umgebung.

Die Schotten waren aber bei Weitem nicht die ersten. Lange vor ihnen lebten die Mi'kmaq an dieser vielarmigen Bucht von den reichen Vorkommen an Fischen, Meeresfrüchten und Wild. Auch Franzosen und Briten siedelten schon zuvor in der Region. Der Name Nova Scotia hat nichts mit den Immigranten von der *Hector* zu tun, denn er wurde schon um 1621 von König James I. benutzt, als dieser den schottischen Hofbeamten Sir William Alexander zum Baron von Nova Scotia (!) ernannte. Immerhin landeten nach 1773 noch weitere Auswandererschiffe aus Schottland in Pictou. Ein Teil der Passagiere siedelte in der Region, andere zogen weiter nach Cape Breton Island, wo viele Orte auch heute noch durch schottische Kultur geprägt sind.

Unweit der *Hector* befindet sich ein zweites Museum – das *Northumberland Fisheries Museum* – das die Tradition und Gegenwart der regionalen Fischerei, einschließlich Bootsbau, zum Thema hat. In einem Becken kann man lebendige Lobster sehen und berühren, darunter auch seltene blaue Exemplare. Direkt am Ufer lädt ein zum Museum gehörender Leuchtturm zur Besichtigung ein.

Begibt man sich in die parallel gelegene Water Street mit ihren zahlreichen Geschäften, fallen einem aus Stein erbaute historische Ge-

bäude auf, die sich von den sonst für Nova Scotia typischen Holzhäusern deutlich unterscheiden und ebenfalls auf europäische Bauweisen zurückgehen. Da das Fährterminal nach Prince Edward Island in der Nähe liegt und die Stadt somit auf Touristen eingestellt ist, finden sich hier einige angenehme Cafés und Restaurants, in denen man sich von seinem Stadtrundgang erholen kann. Wer eine natürliche Umgebung bevorzugt, fährt einige Kilometer weiter nach Nordosten und macht Picknick im *Caribou and Munroe's Island Provincial Park* direkt am Meer, mit Zugang zum Strand und dem warmen Wasser der Northumberland Shore.

Caribou and Munroe's Island Provincial Park

Badestrand an der Northumberland Shore bei Pictou

INFO

Lage: Pictou liegt am Highway 106 an der Northumberland Strait unweit des Fährhafens nach Prince Edward Island.

Anfahrt: Von Truro aus folgt man 50 km lang dem Highway 104 und biegt am Exit 22 auf den Highway 106; von hier erreicht man nach 17 km Pictou.

Hinweis: Die Museen sind von Juni bis September 10-16 Uhr geöffnet, Eintritt je 8 CAD. The Hector Heritage Quay, *shiphectorcampaign.com*, Northumberland Fisheries Museum, *www.northumberlandfisheriesmuseum.com*. In der Nähe der Stadt laden mehrere Strände zum Baden ein. Das Wasser hier gilt als das angenehmste und wärmste von Nova Scotia.

Unterkunft: Lionstone Motel & Cottages, 241 West River Road in Pictou, *www.lionstoneinn.ca*; diverse B&Bs in der Stadt und der näheren Umgebung.

Camping: Caribou/Munroes Island Provincial Park in Caribou.

41. CHEZ DESLAURIERS/ACADIAN TRAILS UND DIE DÜNENLANDSCHAFT BEI POMQUET

Akadisches Anwesen *Chez Deslauriers*

Die Northumberland Shore zwischen Cape Breton Island und der Grenze zur Nachbarprovinz New Brunswick ist für ihr – im Vergleich zum Rest Nova Scotias – recht warmes Wasser bekannt. Die Küste am Monks Head in Pomquet östlich von Antigonish lädt dazu ein, Badefreuden mit Wandervergnügen zu kombinieren.

Der Name Pomquet ist auf die Bezeichnung der Mi'kmaq „Popumkek" oder „Paqtnkek" zurückzuführen – letzteres ist der Name der auch heute noch in der Nähe ansässigen Paqtnkek First Nation und bedeutet „an der Bucht". Das Anwesen *Chez Deslauriers* liegt hinter einem Teich

Blick vom *Chez Deslauriers*

Die *Acadian Trails* erschließen die Küstenlandschaft

am Ende der Monks Head Road auf einem Hügel am Steilufer. Im Juli und August wird – jeweils nur freitags – im 1860 erbauten einstigen Wohnhaus eines Offiziers und Farmers im *Tearoom* und auf der Terrasse ein „Acadian Lunch" angeboten. Im *Interpretative Centre* erhält man dann auch Informationen zur Geologie und zur Geschichte der Gegend, in der zuerst die Mi'kmaq, später akadische Siedler lebten. Eine kleine Freilichtbühne dient lokalen Veranstaltungen. Von der Terrasse aus hat man einen wunderschönen Blick übers Meer.

Nur wenige Meter entfernt liegt der Ausgangspunkt für die *Acadian Trails* – insgesamt 6 Kilometer lange Wanderwege. Ein Streckenwanderweg an der Küste lässt sich mit einigen kürzeren Inland-Rundwegen kombinieren. Einer davon, der *Pine Hill Trail*, umrundet einen Bestand von bis zu 200-jährigen Kiefern. Der *Coastal Trail* (hin und zurück 2,5 km) startet auf einer mit Wildblumen bestandenen Wiese über der Steilküste, führt dann durch windgebeutelten Fichtenwald direkt hinab zum Strand, später wieder durch den Wald, nahe der durch Erosion zerklüfteten, rauen Klippen, wo man von einigen Aussichtspunkten einen freien Blick über die St. George Bay nach Cape Breton Island hat.

Östlich von *Chez Deslauriers* erblickt man den rosa Sandstrand und die Dünen des nur wenige hundert Meter entfernten Pomquet Beach Provincial Park, der zu Fuß direkt über den Strand, mit dem Auto nach Umrundung des Teiches über die Pomquet Beach Road zugänglich ist. Vom Parkplatz aus erreicht man den Strand über einen Boardwalk durch die Dünenlandschaft, in der sich entsprechend der natürlichen Vegetationsfolge ein reiches Pflanzenwachstum entwickelt hat: Gräser, Flechten, Moose, Cranberries, Heidelbeeren, Strandrosen, kriechender Wacholder, Gagelsträucher und niedrige Fichten. Der Boardwalk schützt das empfindliche Pflanzenwachstum und führt bis zur Stranddüne. An diesem schönen Sandstrand steht Badefreuden und Strandspaziergängen nichts im Wege.

Die seit Jahrhunderten um Pomquet beheimateten Mi'kmaq leben heute in vier kleineren Reservaten in der Gegend. Wer in der zweiten Septemberhälfte hier ist, hat vielleicht das Glück, das *Powwow* der Paqtnkek First Nation zu erleben (Exit 36A, Straße Nr. 4 in Richtung Afton), bei dem Besucher immer willkommen sind.

Dicht bewachsene Dünen im *Pomquet Beach Provincial Park*

Oft menschenleer: wunderschöner Pomquet Beach

INFO

Lage: Chez Delauriers liegt im Pomquet östlich von Antigonish.

Anfahrt: Von Antigonish am Highway 104, Exit 35B zur Monks Head Rd, an deren Ende Chez Delauriers ausgeschildert ist.

Hinweis: Die Acadian Trails sind ganzjährig zugänglich, das Chez Deslauriers Interpretive Centre und der Tearoom nur im Juli/August jeweils freitags von 11-14 Uhr, *novascotia.com/listing/chez-deslauriers*; Die Wanderwege sind naturbelassen, aber moderat.

Unterkunft: Pomquet Beach Cottages, *www.pomquetbeachcottages.com*; bzw. Hotels, Motels oder B&Bs in Antigonish.

Camping: Linwood Harbour Campground in Linwood, Straße Nr. 4, *linwoodcampground.com*

Cape Breton

Zerklüftete Küste ganz im Osten von Cape Breton

Cape Breton

42. West Mabou: Wandern an der „schottischen" Küste von Cape Breton
43. Aspy Bay mit Cabots Landing und Sugar Loaf Mountain
44. Membertou Heritage Park: lebendige Geschichte und heutige Kultur der Mi'kmaq
45. Ganz im Osten: der Louisbourg Lighthouse Trail
46. Point Michaud Beach Provincial Park

43
Aspy Bay
Gulf of
St. Lawrence
Cabot Strait
Cape Breton
Island
44
42
West Mabou
Membertou Heritage Park
Scatarie
Island
45
Port Hood
Island
Louisbourg Lighthouse
Bras d'Or Lake
46
Point Michaud
Janvrin
Island
Isle
Madame
Atlantic Ocean

42. West Mabou: Wandern an der „schottischen" Küste von Cape Breton

Für viele Touristen stehen der Cape Breton Highlands National Park und der Cabot Trail gleichsam als Synonyme für diese schöne Insel. Dabei gibt es neben dem Nationalpark und dem Bras d'Or Lake viele weitere sehenswerte Ziele, wie etwa Mabou und seine Umgebung.

Mabou ist ein kleiner Ort, der an einer *Mabou Harbour* genannten Meeresbucht südlich der Mabou Highlands liegt. Dass die Region einst vorwiegend von Schotten besiedelt wurde, erkennt man noch heute an den Beschilderungen und Flurbezeichnungen: den offiziellen englischen und/oder gälischen Namen. Früher gab es in der Gegend um Mabou noch Bergbau, heute wird hier nur etwas Küstenfischerei und Landwirtschaft betrieben. Dafür lockt die reizvolle und ruhige Lage des Ortes nun Touristen an. Direkt am Meer in West Mabou überrascht ein

Das warme Wasser lädt zum Baden ein

sehr schöner, etwa 1,5 Kilometer langer Strand mit weichem, rosafarbenen Sand. Die Wassertemperaturen hier am St. Lawrence Gulf sind moderat, sodass auch Badefreuden nichts im Wege steht. Seit einigen Jahren laden hier auch verschiedene Wanderwege zu Spaziergängen entlang der Küste ein.

Dorthin gelangt man über eine kleine Straße, die Little Mabou Road, durch eine sehr schöne Wasser- und Marschlandschaft in Richtung zum St. Lawrence Gulf. Nach etwa 7 Kilometern erreicht man den Parkplatz des Provincial Park, der nur 50 Meter vom Strand entfernt ist. Je nach Wetter, Lust und Laune kann man sich zunächst für eine Wanderung und dann für den Strand oder auch umgekehrt entscheiden.

Die West Mabou Hiking Trails, ein Netz von 18 kurzen bis maximal 3 Kilometer langen Wegen erschließen den Küstenwald, die Marschen an der Bucht und die Steilküste. Die Übersichtstafeln am Parkplatz geben

kurze Erläuterungen zu den Besonderheiten der einzelnen Abschnitte, die auf einem Lageplan jeweils nummeriert sind, sodass man sich gemäß den eigenen Interessen und Möglichkeiten etwas Geeignetes aussuchen und zusammenstellen kann. Der erste Weg führt parallel zur Küste durch Wald und Wildrosengebüsch zum *Coc na Smuan*, dem „Meditationshügel", und auch die meisten anderen Kurzstrecken bieten vor allem Stille und Naturbetrachtung, doch in ihren landschaftlichen Besonderheiten unterscheiden sie sich jeweils etwas. Die Wege sind einfach zu laufen. Man sollte jedoch festes Schuhwerk anziehen, denn es geht teilweise über Stock und Stein, und nach Regenfällen kann es besonders im Wald und auf Wiesen auch feuchte Abschnitte geben.

Wem das Wandergebiet am West Mabou Beach mit seinen recht kurzen Strecken nicht anspruchsvoll genug ist, der kann sich an den weniger erschlossenen und längeren Wanderwegen durch die Mabou Highlands im Norden des Ortes versuchen. Hier führt ein Netz von 18 Trails auf ca. 30 Kilometern teilweise durch eine raue, zerklüftete und urwüchsige Landschaft, zumeist durch dichten Wald, aber auch auf Bergkuppen mit freier Sicht – manchmal kann man bis Prince Edward Island sehen. Einer der Haupteinstiegspunkte liegt nördlich von Mabou Harbour am Ende der Mabou Mines Road. Informationen

Wanderwege entlang der Küste bei West Mabou

Picknick mit weiter Aussicht aufs Meer

zu diesen Wegen und ihren Zustand sowie detaillierte Karten erhält man in der Touristeninformation in Inverness oder im Internet unter www.capemabouhiking.com.

INFO

Lage: Mabou liegt an der Westküste von Cape Breton Island am Ceilidh Trail zwischen Port Hastings am Canso Causeway und Inverness.

Anfahrt: Zum West Mabou Beach Provincial Park biegt man in Mabou von der Straße Nr. 19 auf die Little Mabou Road und folgt ihr reichlich 5 km bis zum Abzweig nach rechts in Richtung West Mabou Beach, der Ausschilderung folgend. Die Mabou Mines Road erreicht man über die Mabou Harbour Road nördlich der Bucht.

Hinweis: Am Strand von West Mabou gibt es nahe des Parkplatzes Umkleidekabinen und Toiletten, aber keine Speisen und Getränke. Vor einer Wanderung in den West Mabou Highlands sollte man sich unbedingt eine geeignete Wanderkarte besorgen.

Unterkunft: Ceilidh Trail Motel, *www.ceilidhtrailmotel.com*, Mabou River Inn, *mabouriverinn.com*, beide in Mabou; Hotels u. a. in Inverness.

Camping: Ceilidh Cottages and Campground gleich an der Little Mabou Road, *https://ceilidhcottages.ca/*

43. Aspy Bay mit Cabots Landing und Sugar Loaf Mountain

Ein Abstecher vom vielbesuchten Cabot Trail zur etwas abgelegenen Aspy Bay lohnt sich. Hier erstreckt sich ein wunderschöner langer Sandstrand, der eine wichtige Rolle in der Weltgeschichte gespielt haben soll. Vom nahegelegenen Sugar Loaf Mountain hat man einen grandiosen Rundumblick.

Am Cabots Landing Provincial Park erreicht man einen faszinierenden Sandstrand. Hier soll bereits 1497 – 5 Jahre nach Columbus' erster Fahrt nach den karibischen Inseln – der Seefahrer John Cabot gelandet sein,

Rosafarbener Sandstrand an Cabots Landing

als er Nordamerika für die Europäer „entdeckte". Der Gewürzhändler aus Venedig hieß eigentlich Giovanni Caboto, reiste aber in englischen Diensten, um einen kürzeren Seeweg nach China und Indien zu finden. Im Provincial Park, der seinen Namen trägt, erinnert ein Denkmal an den kühnen Erforscher dieser Küsten. Dabei ist es nicht einmal 100-prozentig sicher, ob Cabot tatsächlich hier an Land ging – die wenigen Quellen sind uneindeutig. In der Provinz Newfoundland wird behauptet, dass sein Landeplatz das Cape Bonavista war, und auch dort wurde ein Monument errichtet.

John Cabot wurde als Giovanni Caboto in Italien geboren

Der malerische Strand von Cabots Landing wird im Norden von den Felsen der rötlichen Steilküste begrenzt. Er erstreckt sich zart rosafarben vor den nahen begrünten Bergen. Trotz seiner Schönheit ist er selbst im Hochsommer nicht stark besucht. Von hier kann man gut 3 Kilometer nach Süden entlang einer schmalen Nehrung wandern, bis diese von einem Wasserdurchbruch geteilt wird. Jenseits davon liegt eine weitere sandige Nehrung, die bis zum Fischerdorf Dingwall führt.

Nicht weit entfernt lädt der Sugarloaf Mountain, ein einzeln stehender, zuckerhutförmiger Berg, zur Wanderung ein. Gut 1 Kilometer nördlich der Zufahrt zum Provincial Park liegt links der Ausgangspunkt für die Besteigung des Gipfels. Wer nicht Acht gibt, verpasst diese Stelle, die nicht besonders auffällt, auch wenn sie mit zwei gelben Steinen und

Der „Zuckerhut" bei Cabots Landing!

orangefarbenem Band gekennzeichnet ist. Parken kann man hier leider nur am Straßenrand; der Berg liegt auf Privatgelände. Der knapp 2 Kilometer lange *Wilkie Sugarloaf* Trail führt auf kurzer Distanz sehr steil bergan, denn der Berg ist über 400 Meter hoch. Der Verlauf des Weges ist gut zu erkennen, aber die Wanderung ist ziemlich anstrengend.

Oben angekommen, wendet man sich nach links und wird mit außergewöhnlichen Ausblicken belohnt: auf den Strand von Cabots Landing und den Ozean, über die Aspy Bay und das Dörfchen Dingwall, auf das Aspy Plateau und in der Entfernung auf den Cape Breton Highlands National

Park. Geht man weiter, bietet ein zweiter Aussichtspunkt einen grandiosen Blick über die North Mountains und auf den St. Lawrence Gulf; bei besonders klarer Sicht soll man sogar das 115 Kilometer entfernte Newfoundland erkennen können. An Tagen mit viel Nebel oder schlechtem Wetter kann man die kräftezehrende Besteigung des Berges besser sein lassen.

Weite Aussicht nach anstrengendem Aufstieg

INFO

Lage: Cabots Landing und Sugarloaf Mountain liegen nördlich des Cape Breton Highlands National Park an der Aspy Bay.

Anfahrt: Am nördlichsten Punkt des Cabot Trail biegt man im Ort Cape North nach Norden in die Bay St. Lawrence Road. Nach ca. 10 km hat man den Cabots Landing Provincial Park erreicht, der rechts am Meer liegt. Gut 1 km weiter nördlich liegt links der Einstieg zur Wanderung auf den Sugarloaf Mountain.

Hinweis: Im Provincial Park sind Picknicktische und Trockentoiletten vorhanden. Für die Bergwanderung, die hin und zurück nur ca. 3,5 km lang ist, sollte man dennoch 2 Stunden veranschlagen und unbedingt etwas zum Trinken dabei haben; sie ist außergewöhnlich beschwerlich.

Unterkunft: Sea Breeze Cottages & Motel, 36104 Cabot Trail, Ingonish, Nova Scotia, *www.seabreezens.com*; Hotels, Motels und B&Bs in und um Dingwall.

Camping: Meat Cove Campground weiter nördlich im 20 km entfernten Meat Cove, *meatcovecampground.ca*

44. Membertou Heritage Park: lebendige Geschichte und heutige Kultur der Mi'kmaq

Abgesehen von Powwows, hat man nur selten die Gelegenheit, ein Reservat der First Nations zu besuchen, ohne als Eindringling und Voyeur betrachtet zu werden oder sich zumindest so zu fühlen. Anders ist es im Membertou Heritage Park – ein Besuch hier ist schon aus diesem Grund empfehlenswert.

Mitten in der Hafenstadt Sydney, nur 3 Kilometer vom alten Stadtzentrum entfernt, befindet sich ein Reservat der Membertou First Nation. In diesem städtischen Bereich leben heute mehr als 800 Mi'kmaq. Seit den 1990er-Jahren hat die Stammesführung Schritt für Schritt und basierend auf traditionellen Prinzipien wie Nachhaltigkeit und Respekt gegenüber Land, Gewässern und Natur, mit klugen Investitionen eine zeitgemäße und innovative wirtschaftliche Entwicklung mit Augenmaß betrieben. Dazu gehörten auch eine praxisbezogene Ausbildung von Stammesmitgliedern sowie Programme für die Jugend, wodurch Arbeitslosigkeit und Armut wirksam bekämpft wurden. Damit ist Membertou First Nation – benannt nach dem weisen *Grand Chief Membertou*, der vor 400 Jahren lebte – heute eine der wirtschaftlich erfolgreichsten in Kanada.

Museum und Galerie im *Membertou Heritage Park*

Replik eines oben offenen Zeltes aus Birkenrinde

Das zeigt sich auch im äußeren Erscheinungsbild des Reservats, dessen moderne Gebäudekomplexe mit dazwischenliegenden Grünflächen man hier kaum erwartet hätte: ein Veranstaltungs- und Kongresszentrum, eine Sporthalle mit Wellness-Zentrum, ein Entertainment-Komplex, ein 6 Stockwerke hohes Hotel, eine mit Solarzellen bestückte Schule und weitere Einrichtungen. Nur an Beschriftungen in Mi'kmaki und an den stilvollen Piktogrammen erkennt man die Hausherren dieses Stadtviertels. Auf dem Stoppschild steht hier „Naqa'si". Natürlich gehören auch Tankstelle, Läden, eine Ambulanz und mehr oder weniger schmucke Wohnhäuser dazu.

Von besonderem Interesse für Besucher ist der *Membertou Heritage Park*, zu dem ein mit weißen Schindeln verkleidetes flaches Gebäude mit eigenwilliger Dachkonstruktion gehört.

Innen dokumentiert eine reichhaltige und sehr informative Ausstellung die Wurzeln der Kultur und der Traditionen der Mi'kmaq. Man erfährt, dass sich diese Mi'kmaq-Gemeinde bis 1916 noch direkt am Hafenbecken an der Kings Road befand, dann aber per Gerichtsbeschluss auf das heutige Areal, damals unwirtliches Land, zwangsumgesiedelt wurde. Zahlreiche Gegenstände illustrieren die frühere Lebensweise

Hütte aus Birkenrinde

und die Fertigkeiten der Mi'kmaq bei der Nutzung der lokalen Ressourcen, ob bei der Herstellung von Behausung, Kanu und Gefäßen aus Birkenrinde oder bei kunstvollen farbenfrohen Flecht- und Stickarbeiten. Videos führen bildreich in die Geschichte ein, Schautafeln mit historischen Fotos und Erläuterungen machen das frühere Leben der Mi'kmaq hier in Sydney mit seinen Transformationsprozessen bis in die Gegenwart anschaulich. Wichtige Persönlichkeiten der Membertou First Nation werden mit ihrem Wirken vorgestellt.

Kunstvoll gestalteter farbiger Behälter aus Naturmaterialien

Wer die Gelegenheit hat, an einer Führung durch einen ausgebildeten Guide oder einen Mi'kmaq-Elder teilzunehmen, sollte diese Chance unbedingt nutzen.

Ein Souvenirshop im gleichen Haus bietet unter anderem auch Kunsthandwerk aus lokaler Fertigung an.

INFO

Lage: Der Membertou Heritage Park liegt inmitten des Stadtgebiets von Sydney im Osten von Cape Breton Island.

Anfahrt: Vom Highway 125 Exit 7, entlang des Churchill Drive zur Maillard Street und dort nach rechts bis zur Towerview Street, wo der Park an der Ecke zu Su'n Awti beginnt (unweit des Hampton Hotels). – Von Sydney Downtown aus fährt man über Kings Road (Nr. 4) und Alexandra Street (Nr. 327) und biegt dort nach links in die Towerview Street. Die Adresse des Heritage Park ist 35 Su'n Awti, *www.membertouheritagepark.com*

Hinweis: Öffnungszeiten Juni bis Oktober Mo-Sa 9-16 Uhr; November bis Mai Mo-Fr 9-16 Uhr, Eintritt 8 CAD.

Unterkunft: Hampton Inn Hotel gleich nebenan, 60 Maillard Street in Membertou/Sydney,
www.hilton.com/en/hotels/yqynshx-hampton-sydney/;
weitere Hotels und Motels in der Stadt.

Camping: River Ryan Campground, 5779 Union Highway in River Ryan, *novascotia.com/listing/river-ryan-campground*

45. Ganz im Osten: der Louisbourg Lighthouse Trail

Der „ferne" Osten von Cape Breton bietet mehr als das bekannte Fortress of Louisbourg National Historic Site. Gleich gegenüber der Festung ist auf einer Landspitze ein Leuchtturm zu sehen. Das ist nicht außergewöhnlich oder selten in Nova Scotia, aber dort beginnt ein besonders schöner Wanderweg – der Louisbourg Lighthouse Trail.

Der Leuchtturm von Louisbourg

Tafeln erläutern die Besonderheiten der Küstenregion

Bereits 1734 wurde hier ein Leuchtturm errichtet, der damit der erste überhaupt im heutigen Kanada war. Inzwischen steht hier bereits der vierte Turm. Mit einer Höhe von 32 Metern schickt er sein Licht 30 Kilometer weit über den Ozean. Der Platz vor dem Leuchtturm an einem Felsenkap mit weitem Ausblick über Küste und Meer ist ein beliebtes Ausflugsziel für die Einheimischen aus Louisbourg und der Umgebung. Hier startet ein Wanderweg, der 2008 eingeweiht wurde und zu den schönsten in Nova Scotia gehört. Er soll entlang der Küste künftig noch Stück für Stück erweitert werden.

Der Start ist gleich am Parkplatz, wo man sich auf einer Informationstafel über den Verlauf des derzeit aus zwei Abschnitten bestehenden Weges und über wichtige Verhaltensmaßregeln informieren kann. Der erste Teil ist über Kies und Holzbohlen recht einfach zu laufen und führt entlang felsiger Buchten und durch mehre Wäldchen bis zu einer nur mit Büschen bewachsenen und von Feuchtwiesen durchsetzten Freifläche mit Meerblick. Bänke laden zur Rast ein, und Informationstafeln liefern Erläuterungen zur Landschaft, zur Flora und zur Geschichte des Kaps. Immer wieder kann man sich an den weiten Ausblicken über den Atlantik und die abwechslungsreich geformte Uferlinie mit ihren vorgelagerten

Steininseln erfreuen. Die felsige Küste ist hier stark zerklüftet. Zwischen den von Wind und Wellen gebeutelten Klippen wird das Land hin und wieder von steilen Buchten tief eingeschnitten, und die Brandung bricht sich hier mit gewaltiger Kraft.

Der erste Abschnitt des Wanderweges endet nach 1,5 Kilometern an der *Gun Landing Cove*, einer Bucht, deren Name auf ein Ereignis von 1758 während des Krieges zwischen Engländern und Franzosen verweist. Englische Truppen hatten hier Kanonen ans Ufer gebracht, um sie gegenüber der französischen Festung Louisbourg in Stellung zu bringen. Von hier geht es für alle, die mit dem leichteren Teil des Weges zufrieden sind, zurück zum Leuchtturm.

Für unentwegte und erfahrene Wanderer führt der Weg hinter der *Gun Landing Cove* buchstäblich über „Stock und Stein" weiter. Dieser etwas anspruchsvolle zweite Abschnitt, der in einer Richtung ungefähr 5 Kilometer lang ist und ebenfalls wieder zum Parkplatz am Leuchtturm

Holzstege führen über moorige und feuchte Abschnitte

zurückführt, soll in den nächsten Jahren stückweise weiter ausgebaut und ergänzt werden. Derzeit endet er am *Lorraine Head*, einer breiten Felskuppe aus Granit, die bis zu 10 Meter steil ins Meer abfällt. Diese Granitfelsen sind auch bei Felskletterern beliebt.

INFO

Lage: Das Louisbourg Lighthouse liegt 4 km südlich von Louisbourg und 38 km von Sydney entfernt.

Anfahrt: Von Sydney aus folgt man der Straße Nr. 22 bis nach Louisbourg, dort biegt man nach links in die Havenside Road und folgt ihr bis zum Leuchtturm.

Hinweis: Besonders bei windigem und regnerischen Wetter und in jedem Fall für den zweiten Abschnitt des Weges sollte man feste Wanderschuhe anziehen und geeignete Oberbekleidung dabei haben.

Unterkunft: North Star in Louisbourg, *https://hellonorthstar.ca/*; Cranberry Cove Inn, *www.cranberrycoveinn.com*, und weitere B&Bs im Ort.

Camping: Riverdale RV Park am Ortsrand, *pecksandriverdale.com*

46. Point Michaud Beach Provincial Park

Cape Bretons Südküste gehört zu den weniger besuchten Gegenden Nova Scotias, was aber nicht heißt, dass es hier keine sehenswerten Ziele gibt. Direkt am Fleur-de-Lis Trail liegt unweit von St. Peter's der Point Michaud Beach Provincial Park mit einem traumhaften Strand.

Der Point Michaud Beach nach Sturm und Regen

Der wahrscheinlich schönste Strand von Cape Breton Island, bestehend aus feinem, rötlich-gelbem Sand, zieht sich vom Parkplatz aus 3 Kilometer lang in einer leichten Biegung nach Süden bis zum eigentlichen Point Michaud, einer mit Bäumen bestandenen felsigen Halbinsel, die über Dünen mit dem Festland verbunden ist. Ihr Name soll auf einen hier früher siedelnden französischen Siedler namens Michaud zurückgehen. Auch einige andere Ortsbezeichnungen in dieser Gegend sind französischen Ursprungs. Zwischen der Straße und dem Sandstrand liegt die mit Strandhafer bewachsene und mit Boardwalks versehene Düne, die im weiteren Verlauf stellenweise mit größeren moorähnlichen Flächen voller Cranberrys durchsetzt ist.

Mit seinem flachen Wasser und dem weichen Sand ist der Strand besonders für Familien mit Kindern geeignet, zudem ist er mit Picknicktischen, Umkleidekabinen und Toiletten gut ausgestattet und im Hochsommer auch überwacht. Aber Achtung – das Meerwasser ist hier oft ziemlich kühl, sodass man nur an warmen Tagen im Spätsommer, wenn die hochstehende Sonne bei kaum bewegter See das flache Wasser erwärmt, seine Freude an ausgedehnten Schwimmaktivitäten haben wird. Den Surfern in ihren Neoprenanzügen scheint das kalte Wasser weniger auszumachen. Bei geeignetem Wind laufen hier gleichmäßige Wellen ans Ufer, die von ihnen sehr geschätzt werden. Gleich hinter dem Parkplatz gibt es die *Surf Shack* – hier kann man Kurse buchen, aber auch einfach nur Surfbretter und -anzüge ausleihen.

Im Frühsommer nisten in den Dünen viele Vögel. Hier lässt sich unter anderem auch der sehr selten gewordene und daher geschützte *Piping Plover* beobachten. Beim längeren Spaziergang entlang des Strandes zum Point Michaud sollte man deshalb möglichst dicht entlang der Wasserlinie laufen, um die zwischen den Dünen und Steinen nistenden Vögel nicht zu stören. Vor der felsigen Halbinsel muss man noch einen kleinen Bach überwinden, was bei Ebbe möglich ist. Jenseits des Point Michaud beginnt ein weiterer langer Strand, der Western Beach; der Zugang ist über einen Pfad möglich, der von 4-Wheelern genutzt wird.

Links vom Point Michaud Beach Parkplatz, am Nordende des Strandes, steigt das Gelände an. Ein schmaler Pfad führt zwischen niedrigem Buschwerk und Windflüchtern, die dem hier manchmal auch rauen Wetter trotzen, auf eine Wiese mit Picknicktisch. Ein stabiler Holzzaun soll das Betreten der brüchigen Steilwand verhindern. Die Küste ist nun zerklüftet und felsig. Von dem erhöhten Standort aus hat man eine tolle Sicht über den kilometerlangen Strand, und man kann viel Zeit damit verbringen, die Wellen zu beobachten, die hier auf die vorgelagerten Felsen auflaufen und sich mit lautem Knall brechen.

INFO

Lage: Der Point Michaud Beach Provincial Park liegt etwa 20 km von St. Peters und reichlich 100 km von Louisbourg entfernt am Fleur-de-Lis Trail.

Anfahrt: Der Provincial Park liegt direkt an der Straße Nr. 247 zwischen L'Ardoise und Grand River.

Hinweis: Im Hochsommer ist der Strand zwar überwacht, jedoch nicht bewirtschaftet, sodass man sich seine Verpflegung mitbringen muss.

Unterkunft: Bras d'Or Lakes Inn, *www.brasdorlakesinn.com*, und weitere B&B in St. Peter's.

Camping: Battery Provincial Park in St. Peter's.

Eastern Shore

Surferparadies am Martinique Beach

Eastern Shore

47. Barry Colpitts: Folk Art von der Eastern Shore
48. Memory Lane: ein Ausflug in die jüngere Vergangenheit
49. Martinique Beach: nicht nur dem Namen nach ein ungewöhnlicher Strand
50. Gute Aussichten für Wildtiere: „Hope for Wildlife"

Terence Bay Provincial Wilderness Area
East Ship Harbour
47
48
Lake Charlotte
49
Martinique Beach
50
Hope for Wildlife
Atlantic Ocean

47. Barry Colpitts: Folk Art von der Eastern Shore

Man findet sie in Museen und Kunstgalerien – oder wie hier, einfach an der Straße: Folk Art spielt in Nova Scotia eine besondere Rolle in der Kulturszene.

Anders als Volkskunst in Deutschland, die meist anonym, d. h. ohne namentliche Kennzeichnung durch den Schöpfer angeboten wird, ist Folk Art in Nova Scotia anerkannter Teil der Kunstlandschaft. Selbst in Kunstmuseen wie der *Art Gallery of Nova Scotia* in Halifax sieht man die Gleichbehandlung: Genau wie die Kunst der Moderne wird sowohl Folk Art wie auch die Kunst der First Nations und Inuit gesammelt und gleichberechtigt, oft auch gemeinsam präsentiert, ohne dass die Vertreter der verschiedenen Richtungen in „Schubladen" kategorisiert und bewertet werden.

Barry Colpitts in einem seiner geschnitzten Mobiles

Das Anwesen von Barry Colpitts fällt schon von Weitem auf

Viele Werke der Folk Art in Nova Scotia, speziell aus Holz geschnitzte und bemalte Skulpturen, entstanden zuerst in den Holzfällerlagern in den Wäldern. Mit dem Niedergang der lokalen Fischerei versuchten sich auch manche arbeitslos gewordene Seeleute und Fischer an der Gestaltung von Holz oder anderen Kunsttechniken. Auch wenn zunächst nur die nun freie Zeit totgeschlagen wurde, spielte bald der Gelderwerb durch den Verkauf von Skulpturen und Objekten eine wichtige Rolle. Nachdem private und öffentliche Sammler aufmerksam wurden, entstand über die Jahrzehnte eine noch immer florierende Folk Art-Szene. Wie auch bei „professioneller" Kunst lohnt sich der Besuch der Ateliers und Werkstätten der Künstler nicht nur, weil man beim Kauf Geld sparen kann, sondern weil das Gespräch mit den Künstlern in ihrer Umgebung die wichtigste Quelle für das Verständnis der jeweiligen Objekte ist. Anders als man zunächst vermuten würde, ist die Folk Art in Nova Scotia selten heimattümelnd, jedoch humorvoll, intelligent, meist recht originell, oft sozialkritisch und gelegentlich sogar politisch.

Barry Colpitts aus East Ship Harbour an der Eastern Shore ist einer der bekannten Vertreter der Folk Art, der seinen Besuchern gern Rede und ausführliche, oft verschmitzte Antwort steht. Ein Stopp an seinem Wohnhaus mit den Lager- und Werkstattgebäuden bei der Fahrt entlang der Eastern Shore ist ein unvergessliches Erlebnis. Schon von Weitem fällt das mit farbenfrohen Figuren besetzte Wohnhaus unweit der Straße auf. Doch auch die buntbemalten Nebengebäude sind dekoriert – und angefüllt mit zahlreichen der originellen und einfallsreichen Werke des Künstlers.

Man sollte sich nicht genieren, auf sich aufmerksam zu machen, falls Barry gerade nicht draußen auf dem Hof tätig ist, denn er ist ein überaus freundlicher und engagierter Präsentator seiner humorvollen Objekte und mobilen Skulpturen. Vögel, Fische und Wale wie auch menschliche Figuren gehören zu seinen vielfältigen und bunt bemalten, manchmal auch mit Sprüchen verzierten Werken. Gern erzählt er aus der Zeit, als sein Vater und später auch er selbst das Holz noch mit dem Ochsenkarren aus den umliegenden Wäldern geholt hatten. Der Ochse ist inzwischen durch einen Truck ersetzt worden, doch das traditionelle Werk-

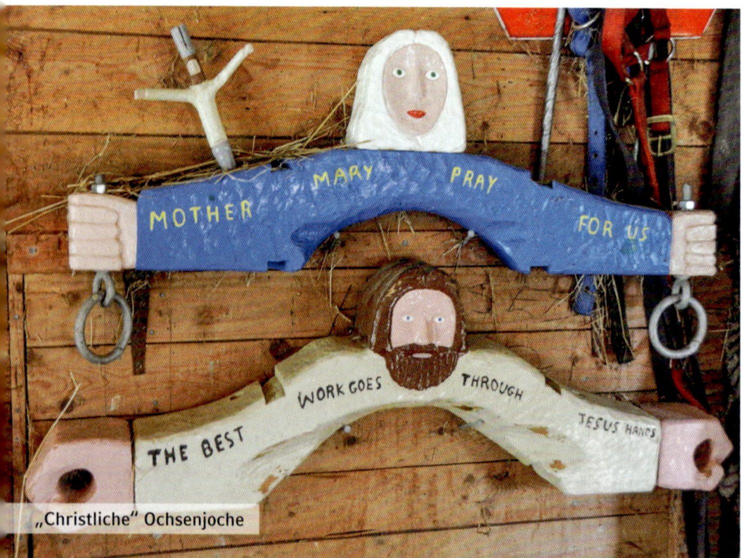

„Christliche" Ochsenjoche

Wale und Vögel sind preiswerte Objekte

zeug eines Zimmermanns und Schnitzers ist Barry Colpitts mehr gemäß als das Internet. Per E-Mail kann man mit ihm jedenfalls keine Verabredungen zu einem Besuch machen. Man muss ihm schon rechtzeitig schreiben, anrufen – oder einfach hinfahren. Dann hat man zumindest einen optischen Eindruck von seiner Folk Art und mit Glück auch den Bonus einer persönlichen Einführung in die Arbeit des Künstlers. Die Preise vor Ort sind günstig, und es lohnt sich auf jeden Fall, ein Stück zur Erinnerung zu erwerben, wenn es denn auch nur ein kleiner süßer, aber signierter Vogel einer unbekannten Art ist. Barrys Arbeiten kann man übrigens auch in der *Art Gallery of Nova Scotia* begegnen.

INFO

Lage: Barry Colpitts Atelier und Wohnhaus befindet sich an der Eastern Shore (Marine Drive), eine gute Stunde von Halifax entfernt.

Anfahrt: In East Ship Harbour ist das Haus direkt an der Straße – auf der dem Meer abgewandten Seite – nicht zu verfehlen. Adresse: 15359 Route Nr. 7, East Ship Harbour (ein Ortsteil von Tangier). Siehe auch: *blacksheepart.com/colpit.html*

Unterkunft: Paddlers Retreat B&B in Tangier, *coastaladventures.com/paddlers-retreat*; Webbers Motel in Lake Charlotte, *webbersmotel.com*, weitere Motels in Sheet Harbour.

Camping: Murphy's Camping on the Ocean gleich im Nachbarort Murphy Cove, *www.murphyscamping.ca*

48. Memory Lane: ein Ausflug in die jüngere Vergangenheit

Wer kennt es nicht? „Oma, erzähl mal bitte von früher!" Wer mit Kindern in Nova Scotia unterwegs ist, steht oft vor dem Problem, für die lieben Kleinen – neben Strand, Ozean und Wald – weitere erinnerungsreiche Erlebnisse zu finden. Warum nicht ein Ausflug in die jüngere Geschichte Kanadas?

Der *Hosking Store* war ein typischer Dorfladen

Nur eine knappe Stunde von Halifax entfernt befindet sich ein ungewöhnliches Museum der Art „Living History", das einmal nicht in die 250 Jahre zurückliegende Besiedelungsgeschichte durch die Europäer, sondern in die jüngere Vergangenheit führt, in der es schon Autos, Radios und Telefone gab. Eine Zeit also, die noch nicht solange zurück liegt, dass die Kinder keinerlei Bezug dazu hätten.

Das *Memory Lane Heritage Village* befindet sich in Lake Charlotte an der Straße Nr. 7. Das Museum zeigt das Leben in einem typischen Küstendorf im Nova Scotia der 1940er-Jahre. Schon mit dem Öffnen der Eingangstür des Dorfladens *Hosking Store* begibt man sich 80 Jahre in der Zeit zurück. Wie auch die anderen Gebäude und Einrichtungen stammt

Willkommen in der 1940er-Jahren!

Farbige und formenreiche Blechkisten

Ein knallroter Truck

Damals war der Sprit noch billig!

der Store aus der näheren Umgebung, aus Oyster Pond, wo er 85 Jahre lang als „General Store" diente, also als Laden für einfach alles, was früher in einem Dorf benötigt wurde: Lebensmittel, Haushaltswaren, Kleidung, Schuhe, Werkzeuge usw. Auch wenn einem nur die wenigsten der Handelsnamen geläufig sind, erkennt man doch schnell, was für Waren in den Büchsen, Kisten und Tüten einst gehandelt wurden.

Nachdem man hier den Eintritt bezahlt hat, kann man durch den rückwärtigen Ausgang das Dorf betreten. Gleich hinter dem Laden steht eine historische Tankstelle mit zwei Säulen, die blaue für „Extra", die rote sicherlich für Normalbenzin. Die Mengenangabe erfolgte noch in Gallonen, der Preis ist „sicherheitshalber" nicht vermerkt – man würde vermutlich einen Schreck bekommen! Nicht weit daneben stehen ein alter grüner Ford und ein roter Pick-up der Marke International Harvester, wie sie wohl nur noch auf Treffen der Oldtimer-Fans zu sehen sind.

Weiter geht es zum *Webber House*, einem Wohnhaus aus der Zeit, in der Elektrizität alltäglich geworden war und nicht nur für Licht sorgte, sondern auch Strom für Radio, Kühlschrank und Waschmaschine lieferte. Eindrücklich werden typische Geräusche aus einem Haushalt der vierziger Jahre eingespielt. Das Geschirr klappert im Abwaschtisch aus Keramik, das Radio spielt Swingmusik und das altertümliche Telefon klingelt. Im gutbürgerlichen Wohnzimmer mit Blümchentapete, bequemen Sesseln mit Tischchen zur Ablage von Zeitungen und Aschenbecher steht ein Harmonium, dekoriert mit Familienfotos, alten Kameras und Erinnerungsstücken.

Waschmaschine und Kühlschrank

Weitere Gebäude im Dorf zeigen den Alltag in einer Bootswerkstatt, im Geflügelstall und einer Muschelverarbeitung. Sogar die Hütte und das Arbeitsumfeld eines Geologen auf der Suche nach Gold kann man besichtigen. In der Schule liegt Kiplings Dschungelbuch auf einer der Schulbänke, auch wenn es vielleicht unter der Bank gelesen wurde. Des Weiteren sind eine Kirche, eine Autowerkstatt, Scheunen, ein Gemüsegarten und verschiedene Lagerschuppen zu besichtigen. Wenn man genug gesehen hat und der Wissensdurst der Kinder gestillt ist, kann man im Laden Kaffee, Tee und einen kleinen Imbiss zu sich nehmen.

INFO

Lage: Das Museum befindet sich 45 km östlich von Halifax am Marine Drive im Dörfchen Lake Charlotte.

Anfahrt: Von der Straße Nr. 7 biegt man in Lake Charlotte der Ausschilderung folgend nach Süden in die Clam Harbour Road ab, Adresse: Nr. 5435.

Hinweis: Wegen der vielen zu besichtigenden Gebäude ist das Museum auch für einen Regentag geeignet. Geöffnet von Juni bis September jeweils Mittwoch bis Sonnabend 9:30-17 Uhr. Der Eintritt beträgt 10 CAD, für Kinder 5 CAD, *visitmemorylane.ca*

Unterkunft: Webbers Motel im Ort, *www.webbersmotel.com*, weitere Motels in Sheet Harbour.

Camping: E.F. Webbers Lake Side Resort im 8 km entfernten Upper Lakeville, *www.webberslakesideresort.com*

49. Martinique Beach: nicht nur dem Namen nach ein ungewöhnlicher Strand

Unweit von Halifax gelegen, ist der Martinique Beach einer der längsten und auch schönsten Strände Nova Scotias.

Seinen ungewöhnlichen Namen soll der Strand Prince Edward, Duke of Kent and Strathearn, verdanken, der von 1794 bis 1800 die Interessen der britischen Krone in den nordamerikanischen Kolonien vertrat und vorwiegend in Halifax lebte. 1794 war er an der Einnahme der Karibikinsel Martinique beteiligt, die bis dahin französische Kolonie war. Vermutlich erinnerte sich der unbekannte Namensgeber an die schönen, langen Strände in der Karibik. Der Prinz hat übrigens 1792 als erster den Begriff „Kanadier" benutzt – 75 Jahre bevor das spätere Kanada gegründet wurde.

Zugang zum Martinique Beach

Der vier Kilometer lange weiche, weiße Sandstrand liegt eine knappe Stunde von Halifax entfernt und ist relativ rasch zu erreichen. Beliebt ist er nicht nur bei Sonnensuchern und Badelustigen, sondern auch bei Surfern, da sich durch Wind und Strömung oft lange und einigermaßen hohe Wellen aufbauen. Das Wasser vor dem Strand ist nicht allzu tief und kann sich durch die intensive Sonneneinstrahlung schnell erwärmen. Daher ist es besonders im Spätsommer gut zum Baden geeignet. Man muss aber immer mit starken ablandigen Strömungen rechnen, die das Schwimmen gefährlich machen können. Deshalb sollten Kinder und

Nichtschwimmer nie ohne Aufsicht baden. In den Sommermonaten ist der Strand überwacht und bietet so eine gewisse Sicherheit.

Durch die erhebliche Länge des Strandes kann man ihn auch einfach zu einer Wanderung entlang des Wassers und der Düne oder zur „Schatzsuche" aufsuchen: Muscheln, Schneckengehäuse und interessant geformte farbige Steine sind immer zu finden, und auch Seevögel lassen sich beobachten. Da der Strand den Status eines Provincial Park hat, ist er mit Parkplätzen, Toiletten, Umkleidekabinen und Picknicktischen gut ausgestattet. Der Zugang zum Strand über die Dünen ist auf einigen holzbeplankten Wegen sogar mit Kinderwagen möglich.

Im Frühsommer nisten die *Piping Plovers*, eine zierliche Art von Watvögeln, auch am Martinique Beach. In dieser Zeit ist im Interesse des Schutzes dieser stark gefährdeten Vogelart mit Einschränkungen und Absperrungen zu rechnen. Das Betreten der fragilen Dünen ist selbstverständlich nicht gestattet, da sie zur Stabilisierung der Uferlinie notwendig sind. In der Vergangenheit sind bei starken Stürmen schon mehrfach Teile des Strandes durch die Wucht des Ozeans hinweggespült worden und mussten aufwendig wieder hergestellt werden.

Gleich zu Beginn des Strandes liegt ein teilweise bewachsener Felsrücken, der den Namen Whale Point trägt; hier ragt zwischen flachen Büschen eine ungewöhnliche schneeweiße Felsformation aus dem Boden, die an Marmor erinnert. Dahinter wachsen niedrige Fichten, die den Übergang zu einem angrenzenden Wildschutzgebiet bilden.

INFO

Lage: Der Martinique Beach liegt ungefähr 60 km östlich von Downtown Halifax entfernt am Marine Drive.

Anfahrt: Von der Straße Nr. 7 biegt man in Musquodoboit Harbour nach Süden auf die East Petpeswick Road und erreicht nach 11 km den Strand.

Hinweis: In Musquodoboit Harbour ist ein kleines Eisenbahnmuseum zu besichtigen, *www.mhrailwaymuseum.com*

Unterkunft: Jeddore Lodge & Cabin in Head of Jeddore, *www.jeddorelodge.com*

Camping: Porters Lake Provincial Park weiter westlich in West Porter's Lake.

50. Gute Aussichten für Wildtiere: „Hope for Wildlife"

Die Auffangstation für verletzt, verwaist oder deplatziert aufgefundene Wildtiere in Seaforth an der Eastern Shore wurde von Hope Swinimer gegründet – ihr Vorname passt perfekt zum Programm.

Hope for Wildlife ist eine private Initiative!

Die Erschließung und Besiedlung vormals naturbelassener Areale führt auch in Nova Scotia immer häufiger zu Konflikten zwischen Menschen und Wildtieren. Ob halbverhungerte Waschbär-Babys, verletzte Vögel, verwaiste Biber, angeschossene Füchse – hier ist der Ort, wo man sich liebevoll um sie kümmert. Hope Swinimer und ihre Kollegen arbeiten nicht nur an der Aufnahme, medizinischen Behandlung, artgerechten Ernährung und Haltung der hier abgegebenen Wildtiere. Grundprinzip ist es, die Tiere, sobald sie dazu in der Lage sind, wieder in ein geeignetes Habitat auszuwildern,

Auch wilde Enten und Gänse fühlen sich hier wohl

wenn irgendwie möglich auch genau in der jeweiligen Region, in der sie aufgefunden wurden. *Hope for Wildlife* ist also zuvorderst eine Einrichtung zu Rettung und Rehabilitation von Wildtieren.

Jeder bekommt hier eine Chance

Darüber hinaus ist die Einrichtung aber auch ein Bildungszentrum mit einer Vielzahl von Ausstellungsgegenständen – von Tierpräparaten in Dioramen über eine Sammlung illegal gehandelter Pelze bis hin zu anschaulich gestalteten Informationstafeln – samt den Wildtier-Außenanlagen und Lehr-Gartenbeeten. Die hochinteressanten Führungen halten sich nicht unbedingt an enge Zeitpläne, sondern können spontan variiert werden.

Turm zur besseren Aussicht

Von einem Aussichtsturm aus kann man das weiträumige Anwesen auf einem ehemaligen Farmgelände überblicken, darunter Bereiche ohne öffentlichen Zugang. Denn natürlich muss der Kontakt der Tiere zu Pflegern und Besuchern auf ein Minimum beschränkt werden, um sie nicht an die Menschen zu gewöhnen, damit sie später in der Wildnis wieder überlebensfähig sind. Ausnahmen bilden solche Tiere, die aus den verschiedensten Gründen gar nicht ausgewildert werden können und daher dauerhafter Betreuung bedürfen – darunter eine exotische Schlange, ein Fink mit nur einem Bein, und ein gezähmter misogyner Rabe, der sich (nur!) von Männern streicheln lässt, aber Frauen mit dem Schnabel attackiert. Solchen Tieren, ob im Käfig, im Terrarium oder im Fall von Enten und Gänsen im Freiland, kann man auch als Besucher sehr nahe kommen.

Ein Ziergarten zum Ausruhen

Hope for Wildlife arbeitet für die gesamte Provinz Nova Scotia und bekommt pro Jahr bis zu 10.000 Anrufe. Derzeit werden ca. 3.500 Tiere pro Jahr aufgenommen, die mittlerweile 250 verschiedene Arten repräsentieren. Die Daten der behandelten Tiere werden gesammelt und stehen für Forschungszecke zur Verfügung. Sie geben Aufschluss über Zustand und Gesundheit der hiesigen Populationen der verschie-

Zuvorkommende Auskunft durch eine Mitarbeiterin

denen Spezies. Seit der Gründung der Einrichtung 1997 konnten 40.000 Tiere wieder ausgewildert werden. Die gemeinnützige Einrichtung ist hauptsächlich auf Spenden angewiesen, auch wenn ein Andenkenladen im Empfangsgebäude und die international ausgestrahlte Fernsehserie *Hope for Wildlife* zur Finanzierung beitragen.

Informationstafeln zum „Selbststudium"

INFO

Lage: Hope for Wildlife liegt am Marine Drive an der Eastern Shore, ca. 30 km östlich von Halifax.

Anfahrt: Zwischen Head of Chezzetcook und Porters Lake biegt man von der Straße Nr. 7 auf die Nr. 207 nach Seaforth; dort der Ausschilderung „Hope for Wildlife" folgend abseits der Straße zur Nr. 5909.

Hinweis: Öffnungszeiten je nach Saison variierend, siehe *hopeforwildlife.net*. Der Eintritt ist frei, eine Spende ist erwünscht.

Unterkunft: Hotels, Motels und B&B in Halifax und Umgebung.

Camping: Porters Lake Provincial Park

Register

Rogart Mountain Trail

Register

Cabot Trail

Lunenburg

In der Reihe sind u.a. bisher erschienen:

Laura Kaiser, Christoph Schaarschmidt
ISBN 978-3-96855-308-5
Preis 16,95 €

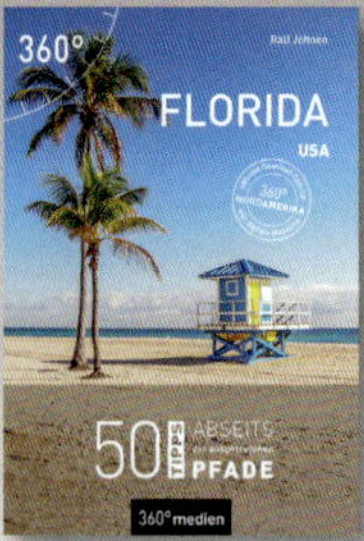

Ralf Johnen
ISBN 978-3-96855-594-2
Preis 16,95 €

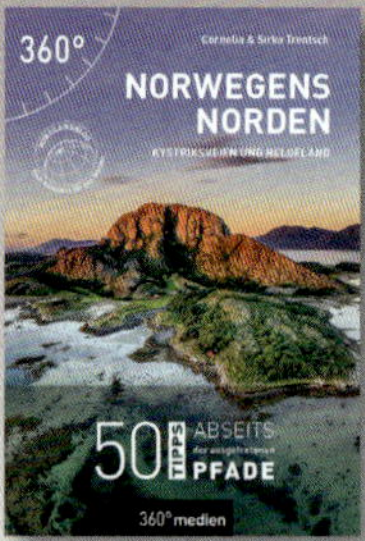

Cornelia & Sirko Trentsch
ISBN 978-3-96855-508-9
Preis 16,95 €

Hilke Maunder
ISBN 978-3-96855-666-6
Preis 16,95 €

Jenny Menzel
ISBN 978-3-96855-567-6
Preis 16,95 €

360°

In der Reihe sind u.a. bisher erschienen:

Jan de Jonge
ISBN 978-3-96855-569-0
Preis 16,95 €

Nicole Quint
ISBN 978-3-96855-556-0
Preis 16,95 €

Andreas Drouve
ISBN 978-3-96855-564-5
Preis 16,95 €

Bernadette Olderdissen
ISBN 978-3-96855-202-6
Preis 16,95 €

Bernadette Olderdissen
ISBN 978-3-96855-321-4
Preis 16,95

Wichtige Hinweise zur Sicherheit

Wir möchten Sie darauf aufmerksam machen, dass bei der Nutzung dieses Reiseführers bestimmte Risiken bestehen können, die im Zusammenhang mit den beschriebenen Aktivitäten und Attraktionen stehen. Bitte beachten Sie daher die folgenden Hinweise:

- **Umgang mit diesem Buch:** Beim Blättern können scharfkantige Papierbögen kleine Schnittverletzungen verursachen. Seien Sie vorsichtig.
- **Outdoor-Aktivitäten:** Wanderungen und Radtouren bergen Sturz- und Unfallgefahren. Prüfen Sie vor Ihrem Aufbruch den aktuellen Wetterbericht, da Wege bei Nässe schnell rutschig werden können.
- **Attraktionen und Sehenswürdigkeiten:** Befolgen Sie stets die Sicherheits- und Warnhinweise sowie Anweisungen der Betreiber vor Ort, um Gefahren zu vermeiden.
- **Aktualität der Informationen:** Die Angaben in diesem Buch wurden sorgfältig zusammengestellt, können jedoch Änderungen unterliegen. Überprüfen Sie Öffnungszeiten, Routenbeschreibungen und andere relevante Informationen vorab.
- **Unzureichende Vorbereitung:** Die Beschreibungen im Reiseführer dienen als Grundlage, ersetzen aber nicht eine gründliche Vorbereitung. Informieren Sie sich zusätzlich zu Schwierigkeitsgraden, Routen und notwendiger Ausrüstung.
- **Umwelt- und Tierschutz:** Nehmen Sie Rücksicht auf die Natur und vermeiden Sie Verhaltensweisen, die Flora und Fauna schädigen könnten. Begegnungen mit Wildtieren können potenziell gefährlich sein.
- **Überfüllung und Infrastruktur:** Beliebte Attraktionen können stark frequentiert sein, was Gedränge und Einschränkungen bei Sicherheitsmaßnahmen mit sich bringen kann. Planen Sie entsprechend.
- **Eigenverantwortung bei Empfehlungen:** Die im Buch enthaltenen Tipps und Empfehlungen garantieren keine absolute Sicherheit oder Eignung. Prüfen Sie vor Ort die Bedingungen und entscheiden Sie nach eigener Einschätzung.

Sollten Sie darüber hinaus potenzielle Gefahren feststellen, Beschwerden zur Produktsicherheit haben oder sollte es zu Unfällen oder Verletzungen in Zusammenhang mit unseren Produkten kommen, nehmen Sie bitte Kontakt mit uns auf.
Ansprechperson: Andreas Walter, Tel.: +49 (0)2104 5063-104
E-Mail: produktsicherheit@360grad-medien.de

Bildnachweis:

Alle Fotos von Wolfgang Opel, außer: Adobe S. 246/247, 248/249 | Benreis, CC BY 3.0 S. 17 | Dennis Jarvis CC BY-SA 2.0 S. 19u | Hantsheroes CC BY-SA 4.0 S. 10o | Highlandvillage, CC BY 3.0 S. 14u | Karten – Mapcreator.io, OSM.org, ©DLR, ©Airbus Defense and Space, ©Copernicus S. 20, 21, 25, 59, 87, 119, 145, 181, 205, 227 | Kenneth A. Heaton CC 4.0 S. 212, 213 | Matt CC BY 2.0 S. 18 | Mechtild Opel S. 5, 10u, 93, 135u, 171u, 175, 193, 240u, 241, 242/243, Rückenbild | public domain Wiki_Bardencj S. 174, 176o | public domain_copyright Oven Fresh S. 191 M | Ron Cogswell CC by 2.0 S. 16 | Tourism Nova Scotia Titelbild, S. 9